婚姻，你真的懂？

上官賢恩、蔡元雲 等著

婚姻，你真的懂？

作者／上官賢恩、蔡元雲等
翻譯／張碧嘉
策劃編輯／伍詠慈
協力編輯／史曉晴
美術設計／陳詩韻
出版發行／突破出版社
香港沙田亞公角山路33號突破青年村
電話：2632 0000　傳真：2632 0388
電郵：breakthrough@breakthrough.org.hk
網址：http://www.breakthrough.org.hk
http://www.btproduct.com
承印／新設計印刷有限公司
2016年3月初版1刷

Dispelling the Myths of Marriage

by Grace Koo & Dr. Philemon Choi, et al.
First Printing, First Edition, March 2016

Printed in Hong Kong
ISBN 978-988-8246-60-1

誠邀閣下就突破出版社的書籍發表意見

歡迎加入突破書籍 Facebook page — http://www.facebook.com/btbooks.page

本書採用環保油墨印刷

生 活 與 輔 導

關懷、連繫、復和、

溝通、對話……

凝視心之脈動，

直到重新尋獲自己的心。

目錄

序

上官賢恩

人人都愛聽戀愛的故事。人人都希望成為戀愛故事的主角。我們都期待進入婚姻，浪漫之情是刺激的，而長久的婚姻也是令人欣羨的。

不過，我們也聽過失戀的故事。世上有些愛是會改變的，是自私的；有些愛是操控性的、功利的，或像商品般交易。我們很容易誤解愛、會錯意，錯誤地將愛歸類。有時，即使我們不願相信，或者沒有人這樣説明，但「愛」確實也變成了一場悲劇。

多少男男女女經歷着苦苦單戀，因為被背叛而動了殺機，又或為了不值得的伴侶而犧牲性命？在意大利的歌劇和莎士比亞的名著裏，「愛」對某些人而言，帶來了一天一天痛

苦的經歷。

沒錯，大家常常都喜歡討論愛。初戀、熱戀、暗戀、幻想的愛、浪漫的愛、熱情的愛、妒忌的愛……但我們怎樣才能找到那位廝守終生的唯一最愛？

這本書之所以重要，是因為作者希望讀者可以分辨出哪些才是真愛，認識和經歷真正的愛，明白為何愛不是一個對象，而是一個主體；不是一個名詞，而是一個動詞。我們希望讀者能看到愛情如何能培養出一個滿有愛的家庭，相信真愛值得等待；也想與大家分享一些窩心有愛的故事，愛是可以天長地久的。同時，明白即使是基督徒夫婦，婚姻都有可能出岔子；而如果單身是你所得的禮物，這又何妨。

這本書所談論的，是所有閱讀材料中最受歡迎的題目：愛、戀愛和結婚。雖然現時同居、分居和離婚的情況非常普遍，不少人開始懷疑真愛的存在，但盼望這本書能讓大家知道真實、美善和美麗的愛是可能的——即使有些人面對個人掙扎或關係破裂，上帝的恩典都足以讓他們重拾對婚姻的信心。

本書分為三個部分：

第一部分：婚姻，不只一場婚宴。

人對婚姻乃至對愛情，也有很多不切實際的憧憬，本部分是讓讀者反思，破解迷思，同時警惕讀者不要被世界對愛情的錯誤觀念而影響。

很多人都對婚姻有很多誤解——不是對愛情抱着很多不切實際的憧憬，就是以不夠認真的態度對待婚姻。這些被歪曲的角度被大眾傳媒與商業主義加以渲染——為了滿足虛榮心與消費的潮流，很多人都忘記了婚禮只是婚姻最初的一步。在婚禮的程序與接待之後，準新人會面對什麼？我在本書的第一部分，寫了有關愛、求愛和婚姻，希望讀者從中能理解真愛與假情的分別，讓他們能幫助自己和別人在關係當中作出合適的決定。

第一篇文章題為〈愛，比婚禮重要〉。我綜合了許多研究報告，探討婚姻失敗的原因、如何避免婚姻失色、為何同居不能取代婚姻，最後以一個真實的愛情故事總結——一對

老夫婦演繹何為永恆的承諾。

在〈我們都誤解愛〉中，我認同弗洛姆（Eric Fromm）的分析，就是人經常會將「愛情」視為要尋找的一個對象、要征服一個吸引的人、一個要達成的目標，卻沒有自省是否有能力去愛，或是否成熟得懂去愛。

為何戀愛會出問題？可能是找錯對象、為了錯誤的原因結婚、在錯誤的地方尋找對象，或不願意以高昂的代價換取錯的愛情。結婚是一個艱難的決定，如果婚姻出現問題，可能會將一生的幸福，變成一輩子的愁苦。這是〈愛，如何出錯？〉想討論的問題。

〈誰是可愛女人〉：年輕的男子總是容易被美麗的外貌吸引，但事實上要持家有道的話，更重要的是太太有智慧。然而，有時一些最有智慧的女人卻成了婚姻的滄海遺珠，我為此而感到失落。

第二部分：尋找愛的故事

愛情故事經常觸動我們。然而，不像荷里活式那些虛構的愛情故事，普通人的故事往往更能吸引我們的興趣與好奇，他們透露了當中真實的經驗 —— 婚姻的快樂與掙扎，以及維繫關係的滿足與苦惱。無論在人生的什麼階段，婚姻會帶來不同的期望與渴望、問題與幻想。這代表了愛的力量，同時因着人的脆弱，愛情也充滿限制。

當我與丈夫在 2005 年慶祝我們結婚二十五周年時，我寫了〈最穩妥的吸引 —— 寫於銀婚紀念〉一文。文中談及我丈夫的優點，使我能充滿自信地相信他就是那位對的人。直至今日，無論我什麼時候重讀這篇文章，仍然心懷感恩，衷心感激他多年來的關懷和保護。

美麗的女演員彭瑪利年輕的時候已經放妥自己人生的優先次序。她憶述自己大學時與男朋友（現時的丈夫）拍拖的經驗，他們設立「有意義的約會」的原則，保持自己的純潔 —— 這些原則仍適用於今天，也是可行的。

馬喬里的文章描述自己如何以喜樂自信來活出單身的生活，也與其他單身的朋友保持和享受深厚的友誼，實在是一大祝福。

生命中會有些時候，我們看見老年人相愛的美麗圖畫——不單是那些廝守一輩子的老夫老妻，也有是一位鰥夫再娶後的祝福，以及一位一直單身的姊妹最終找到伴侶。這就是羅米高牧師和法蘭西老師天作之合的故事。

我從來沒有想過我朋友卡姬娜會經歷那樣的婚姻。即使他們沒有遇到那種你以為婚姻失敗必然出現的問題，但當她要下一個艱難的決定，結束與前夫的婚姻，她仍然能靠着倚靠上帝的信心渡過那艱難的時刻。

不錯，我們都希望自己與配偶能是天造地設的一對。但對於長久持續的愛，有什麼維繫的秘訣呢？薩拉博士與太太達琳結婚 55 年了，他的著作和講座曾輔導過千對的夫婦，而他也在〈怎可以一生一世？〉一文中以答問的形式回應我的提問。

第三部分：愛，到盡頭

在這部分，蔡元雲醫生誠懇地寫到婚姻的神聖。他警告讀者要留意現時流行對關係的看法，也在各位作出許下一生承諾的重要決定前，引領大家思考幾條重要的問題。

讀者從中會得到一些《聖經》、神學對婚姻的看法，學習無私的愛的真正意義，然後被啟發，使基督徒所提倡的理想婚姻成為現實。

婚姻是一個很認真的決定，大家應該擺上全副精神仔細考慮自己為何要結婚、跟誰結婚、何時結婚，以及自己是否適合進入婚姻和如何維繫婚關係。婚姻對不同人而言，有不同的意義。如果社會上婚前性行為變得普遍、離婚隨處可見、婚外情也屢見不鮮，基督徒的男女在看法、態度和行為上會有什麼不同嗎？讓受人敬重的作家、婚姻專家蔡元雲醫生以他的文章教導大家。

在這個不完美的世界，沒有人是完美，也沒有婚姻是完美；但憑着神的恩典，我們能夠體驗祂完美的愛，以及在我們與別人的關係，尤是在婚姻之中，學習分享上帝的愛。

確實，真愛就是「凡事包容，凡事相信，凡事盼望，凡事忍耐」（林前 13：7）。

婚姻，不只一場婚宴

上官賢恩

愛，比婚禮重要

現時的準新郎新娘要為籌辦婚禮而大費周章，實在令我大惑不解。多得傳媒，促使廣告商、美容專家和婚禮統籌師生意興隆，可是婚姻卻變得愈來愈脆弱。在還未有婚禮統籌師前，不論準新娘年輕與否，都存着同樣幼稚的想法——結婚是一生中最重要的事，也代表了我找到那位完美的情人。

然而，現在情況好像有所不同。因着市場的興起，大家對婚禮的渴想與要求頃刻增多，結婚彷彿變成了一場大型活動。就如我那些像患上強迫症的朋友，為了完成那張「結婚要預備的一百件事」清單，在自己人生最重要的日子，額上燒得滾燙，身體抱恙，依然要踏進教堂。

真正值得花心思的是結婚前該想清楚的事，以及結婚後要面對的事，而不是在影片和相簿中那個完美婚禮。

你有愛的能力嗎？

遠在婚禮舉行之前，情侶愛的旅途一早已經開始。弗洛姆（Erich Fromm）在其著作《愛的藝術》（*The Art of Loving*）[1]中囑咐讀者，要小心分辨「被愛」和「付出愛」，「愛的對象」和「愛的能力」，以及「墮入愛河」和「保持相愛」這個類似的詞彙。

人人以為問題是「愛不夠」。所以，他們努力地令自己更「可愛」，希望外表更吸引、事業更成功，或是讓自己更有名氣。於是，他們請教別人應該怎樣打扮、使用某一種特定的香水、瘦身、買一輛名貴的車，或到某公司工作，盼望有人會認為他們很「可愛」。

有些人不斷尋找一個戀愛的對象。「她太胖了。」「他太愚蠢了。」「她太普通。」「他太自負了。」他們彷彿在說：「我預備要去戀愛，但實在沒有哪個看得上眼的目標！」**大家沒有留意到更基本的問題，其實我們有否「愛的能力」？**正如有些人無法分辨顏色和音高，也不是人人懂得去愛。

當人很容易墮入愛河，能否保持相愛？究竟他們想要的是穩定的感情，還只是想要一時的激情，接着又想着下一個對象？經常更換男 / 女朋友，然後連配偶都換掉？

愛不一定要盲目，正如法國哲學家帕斯卡（Blaise Pascal）說：「頭腦清晰的人，也能清晰地知道所愛。」

婚姻崩壞？

想想一些明星、名人，他們過着混亂的婚姻生活，成了一個壞榜樣，彷彿在鼓勵情侶們不需要結婚：「不如直接放棄婚禮和結婚吧？」於是，有好些情侶選擇了另一個「折衷方法」——同居。

然而，這是否代表同居更好？不是。

美國的數據顯示，超過半數的夫婦，在第一次結婚前同居；而曾經同居的夫婦離婚率更高，高達 51%。根據《婚姻與家庭期刊》（*Journal of Marriage and Family*）[2]，婚前同居的夫婦婚後會比其他夫婦不快樂，紛爭也比較多；同居的女性比已婚女性受虐待的風險高一倍。另外，根據《健康與社會行為期刊》（*Journal of Health and Social Behavior*）[3]，同居者每年患抑鬱的數字比已婚夫婦高出三倍。

不過，婚姻制度同樣面臨着重大考驗。以美國為例，近年的數據顯示，單身的成人人數史上首次超越已婚的成人。美國和歐洲的數據顯示，有約 40 至 60% 的婚姻都以離婚收場；而不同的研究結果雖有點參差，但約有 20 至 50% 的已婚夫婦會犯通姦罪。

這些數字確實反映了許多家庭都面對着婚姻破裂的問題。那原本很美滿、很美麗，應該可以一生一世，帶來快樂和生命的滿足的禮物，究竟去了哪裏？到底婚姻發生了什麼事呢？

結婚，不單需要重新打扮一下，而是要徹底地從其根本再思想。

婚姻，神聖的聯結

〈創世記〉首兩章勾劃出婚姻的藍圖。首先，一男一女的概念是上帝的設計，不是人的發明。上帝設立婚姻，是為了解決人類的第一個問題：孤單。上帝設立婚姻，是為了帶來快樂，而不是懊惱。

結婚之時，必須離開其他關係，才能在一男一女之間建立恆久的關係。這絕不是說要摒棄父母、兄弟姊妹或朋友，但結婚是要將婚姻的關係置放在其他任何人際關係之上。如果夫婦二人無法好好遵守「人要離開父母……二人成為一體」（創 2：24）的吩咐，婚姻註定痛苦。

另外，在婚姻內夫妻要「成為一體」，一生之久。除非你願意被這黏性極高的神聖聯結綁住，並且不去尋找法律的漏洞，企圖切斷這段關係，否則我建議你不要隨意向人求婚，因為那是一個很難開口的問題；連人們經常說的「我愛你」也不要輕易出口，因為這是個更難實踐的命題。

婚姻就是完完全全的合一，以致親密的身體合一也是沒有羞恥的。結婚後才可以有這種關係，也只可以與一個人有這樣的關係。史溫道爾牧師（Charles Swindoll）曾說：「婚姻建基於信任，而信任建基於真理。」[4] 愛慕真理，真理就會保護你。

德斯寇牧師在另一本書 *Real Marriage* 裏引用湯馬斯（Gary Thomas）所問的一條關鍵問題：「上帝設立婚姻，原意會不會是想我們成為聖潔，而非想我們快樂？人結婚後，才知道自己有多自私和有多少罪。我們大部分的約會時間都在裝成另一個人，而結婚幾年後，我們的配偶就開始發現我們的真面目。」[5] **論到我們的自私和罪，配偶不太能改變我們，卻把我們內裏的醜惡表露出來。**作為已婚的夫婦，我們需要用愛心說誠實話，以致我們能成長，更像耶穌。

沒有戒指的關係

有基督徒心理學家在一個研究中被問到，婚姻最大的風險是什麼。愛德華茲（Keith Edwards）認為：「婚姻制度面臨最大的挑戰，就是大家愈來愈輕看婚姻的承諾，即與配偶一生之久的關係。」[6] 當大家不再將婚姻看作是神聖的制度，「愈來愈多的同居行為就是一個重要的徵兆，反映着我們文化裏對婚姻承諾的輕視程度愈趨嚴重。」[7] 他引用羅格斯大學（Rutgers University）國家婚姻研究計劃裏的資料，將「今日單身人士對親密關係的委身程度愈來愈隨意」形容為「沒有戒指的關係，沒有約束的性」。[8]

對婚姻缺少委身，會「令人不想堅持和不願意為長期的關係投入精力、不會盡力解決問題和守護那段關係。」[9] 當一方不肯定另一方對他 / 她的承諾，他 / 她由於沒有安全感，便會再次減少他們能擁有一段健康關係的可能性。

還有什麼原因會導致關係不能長久？愛德華茲認為「一個重要原因是：這個由傳媒充斥着的社會，透過廣告和節目傳遞了自我中心、享樂至上、個人主義和物質主義的價值觀。」[10] 他補充說道：「個人主義和物質主義的資本主義，如果沒有了超越的價值觀和社羣問責來制衡，就會成為剝削。」[11] 這種剝削在性的範疇中最為明顯。社會上對享受性愛的歌頌，對婚姻有強烈的負面影響，以致將性放任得只要兩個「成年人同意」，那麼任何性關係都沒有不道德的。

現今的世代強調社會交易，連在婚姻裏的決定也是基於對報酬和代價的衡量。為了保護自己的利益，當一方感到失望，或者喜好改變了，就可以輕易地終止合約。最務實的方法就是要將「損失」減到最低，立即「止蝕」。這種自私的態度對婚姻制度造成嚴重的威脅。

這些想法，令人不再相信一生只有一個配偶可以使人滿足。羅格斯大學的研究[12]指出，雖然年輕人渴望得到長久的關係，但他們認為這是無法實踐的。他們眼見社會離婚率甚高，對婚姻失去信心，認為結婚就是冒險，最終會以痛苦和經濟損失收場。

可惜的是，美國著名的德斯寇牧師（Mark Driscoll）觀察到，婚姻對很多人而言，是「將舊的配偶換成一個較新的款式，企圖尋找完美的關係和個人的快樂，但這樣的尋索卻是無止境的。」

墮落的文化、墮落的婚姻

要挽救婚姻也關乎整個環境，環境包括文化。齊默曼博士（Dr. Carl Zimmermann）曾寫過關於希臘、羅馬和美國衰退的三個階段，他認為家庭制度的滅亡帶來了文明的滅亡。

史溫道爾引用他的話，並從這些王國的社會特性中得出五個結論[13]：

一、婚姻失去了神聖，而且不斷有其他形式的婚姻出現；

二、女性主義運動興起，令女性失去對生兒育女的興趣；

三、慾望愈來愈多，社會對通姦持開放態度；

四、愈來愈不尊重權威，以及青少年犯罪率增加；

五、對性變態的容忍度增加。

史溫道爾勸勉我們要回到〈創世記〉第 2 章的文明。我們的祖先有一條禁令，但他們選擇了不順服和互相指責。那時，真理被試驗了。今天，男男女女仍然想要挑戰真理。

人就是不懂愛

《恩愛過一生——幸福婚姻7守則》（*The Seven Principles for Making Marriage Work*）的作者戈特曼（John Gottman）和西爾弗（Nan Silver）認為，婚姻治療（我認為還要加上婚姻講座和輔導）最大的秘密是溝通（特別是有助解決衝突的溝通），這是持久和快樂婚姻的關鍵。許多婚姻講座和輔導環節集中講授的溝通技巧，有點膚淺，或有點欺騙的成分——就像公司裏培訓員工關係的溝通技巧。

溝通治療裏最常用的技巧是積極聆聽（active listening）。戈特曼批評，要夫婦運用積極聆聽的技巧，有如「在他們的關係還未學懂走路時，就要求他們做出奧林匹克級數的情緒體操。」[14] 戈特曼提議要做另一樣練習。他有豐富的婚姻治療經驗，而且曾參考有可靠數據的科學研究，認為透過某一些徵兆，能夠在與夫婦溝通的首三分鐘內預計他們會否離婚。第一個徵兆是他們之間有一些「嚴苛的開始」：負面評價、指責、嘲諷或責性。「嚴苛的開始」像一個警鐘，更深層的問題則是戈特曼稱為「四騎士」徵兆，彷彿是要毀滅婚姻的大災難。

騎士一：批評。批評有別於埋怨。「批評是更廣闊的，包括對配偶性格和個性的一些負面評價。」[15]

第一個騎士會引來**騎士二**：輕視。「輕視是由於長期累積了對配偶的一些負面想法……那些想法是由道德高地偽裝的。」[16] 這可能導致威嚇或挑釁的對立狀態。

騎士三：防衛機制。當指責配偶時說：「問題不在我這裏，有問題的是你。」[17]

這會帶來**騎士四**：築起石牆。與其要面對囉嗦的太太，丈夫寧願選擇用報紙擋開她，或離開房間、不再溝通，像一道不動的石牆般坐着，卻會令對方更加憤怒。

戈特曼給夫婦的第一條藥方，是要增強他們的愛情地圖，儲起一些共同回憶，也要對彼此的世界非常熟悉。「只要常常提醒自己配偶的正面特質，即使同時需要與彼此的缺點糾纏，你都可以預防你快樂的婚姻失色。」[18] 而這正是輕視的解藥。

戈特曼也建議要建立一些情感的儲備，好讓夫婦在面對難關時有緩衝的作用；就如將金錢儲進銀行一樣，將美好的回憶放進情感的銀行賬戶，面對衝突時都能有一些儲備。

真愛，一位就夠

事實上，上帝設立的婚姻是一份約，一個要一直堅守到至死方休的承諾，無論富貴貧窮、疾病健康。我在《今日基督教》（*Christianity Today*）[19] 讀到以下的故事：真愛，可以令生命美滿。

麥肯金（Robertson McQuilkin）當哥倫比亞聖經學院及神學院（Columbia Bible College and Seminary）的院長時，太太穆里爾患上了腦退化症。他在委身與承諾之間掙扎——兩項都是神聖的呼召，天天都在爭競，想要他付上所有時間：穆里爾還是神學院？

穆里爾的病情日益嚴重，她失去了作為電台監製和會議講員的工作，最後還要放棄她的寫作計劃。雖然面對着失敗和苦惱，她仍然保持開朗，不太在意發生在她身上的事。對麥肯金而言，「看着那活潑好動的愛人，生命漸漸暗淡，讓我也覺得自己在慢慢死去。」

穆里爾開始到鄰居的後園採摘鮮花，麥肯金雖然感到很煩擾，但後來他漸漸明白這是她表達愛的方式。他留意到她總是帶着愛的禮物來到門前，小心翼翼地將百合花放到桌上，再溫柔地笑一笑才回到屋內，麥肯金終於學懂說「謝謝」。

他繼續說他的故事：「穆里爾現在不能再說完整的句子，只能說些短句和單字，有時那些字詞根本沒有什麼意義。例如，她說『不』的時候，其實是『好』的意思，但她會說，也經常說『我愛你。』……她不單會說，還會行出來。」

麥肯金多年前已經向神學院董事會請辭，想找人代替他的職位，但董事會一直不太願意。結果，他們提議讓麥肯金請一個人到他的家照顧太太，讓他可以照常上班。麥肯金憶述：

「那兩年間，愈來愈難讓穆里爾留在家裏。每當我出門，她會跟隨着我。她與我一起，會感到滿足；沒有我的時候，會感到苦惱，甚至感到很害怕。來回學校約要走一里路，她有時會來回十次去學校找我。晚上我替她更衣時，有時會看見她雙腳佈遍了血漬。當我告訴我們的家庭醫生，他有點哽咽，只是簡單地說：『這樣的愛。』隔了一會，他說：『我有一個理論，認為多年來所培育的品性，在這些時候會表露無遺。』」[20]

麥肯金沉思說：「我也希望自己可以那樣愛上帝——時刻渴慕在祂的身旁。她（穆里爾）天天都在教導我。」

誰最後得到了麥肯金付上他的所有時間？他的太太還是他事奉了二十二年的神學院？「時候到了，我的決定很明確。我不需太多計算。這是關乎正直的選擇。四十二年前，我不是承諾過『無論疾病健康……至死方休』嗎？」

他在其著作《守住一生的承諾》（*A Promise Kept*）裏記下了自己的愛情故事。「不過，我並不是討厭工作，所以豁然辭職。那只是對她公平的選擇。畢竟，她照顧我超過四十年了，她的委身也是不可思議的；現在輪到我了。她實在是一個很棒的配偶！我要是再照顧她四十年，也還不清我欠她的債呢。」[21]

最後，麥肯金親自照顧了她二十五年（後十年她已經認不到人）。然後，她安息主懷。

這個一生一愛情的故事，教荷里活或其他青春劇的故事都黯然失色。麥肯金與穆里爾的故事提醒了我，我可以與丈夫覺新結婚（現時已三十六年了）是多大的祝福，他向我顯出同樣的委身和自我犧牲精神。我心底裏知道，如果有一天我患上這樣的病，認不到人、面臨死亡，覺新都會繼續愛護我。這樣一位真愛就足夠了。

文章原載於 *Jeremiah's Dilemma Quarterly*（2012 年 5 月）。

註釋

1 Fromm, E.(1963). *The art of loving*. N.Y.: Bantam Books.

2 Dush, C. M. K., Cohan, C. L., & Amato, P. R.(2003). The relationship between cohabitation and marital quality and stability: Change across cohorts? *Journal of Marriage and Family*, 65(3), 539-49.

3 Brown, S. L.(2000). The effect of union type on psychological well-being: Depression among cohabitors versus marrieds. *Journal of Health and Social Behavior*, 41(3), 241-55.

4 Swindoll, C. R.(2006). *Marriage: From surviving to thriving: Practical advice on making your marriage strong*. Tennessee: Thomas Nelson, 86.

5 Driscoll, M.(2012). *Real marriage: The truth about sex, friendship and life together*. Tennessee: Thomas Nelson, 41.

6 Edwards, K. J.(2003). It takes a village to save a marriage. *Journal of Psychology and Theology*, 31(3), 188-95.

7 同上。

8 同上。

9 同上。

10 同上。

11 同上。

12 Whitehead, B. D., & Popenoe D.(2002). Why men won't commit. *The state of our unions: The social health of marriage in America.* The National Marriage Project. Retrieved from http://www.virginia.edu/marriageproject/pdfs/print_menwontcommit.pdf

13 Swindoll, 147.

14 Gottman, J. M.,& Silver, N.(1999). *The seven principles for making marriage work*. N.Y.: Three Rivers, 11.

15 同上，頁 27。

16 同上，頁 31。

17 同上，頁 32。

18 同上，頁 65。

19 McQuilkin, R.(February 1, 2004). Living by vows. *Christianity Today*. Retrieved from http://www.christianitytoday.com/ct/2004/februaryweb-only/2-9-11.0.html

20 同上。

21 同上。

婚姻是一份約，一個要一直堅守，至死方休的承諾。

我們都誤解愛

奧斯蒙（Marie Osmond）唱過一首著名的歌，歌詞談到：「紙玫瑰啊、紙玫瑰，看似真正的玫瑰，但卻只是模仿的，就像你對我那模仿的愛。」法國作家拉羅什富科（François de La Rochefoucauld）的話更精警：「世上只有一種愛，但卻有千種的模仿。」

為什麼我們文化裏所珍視、所追求的愛情，會帶來如此多的苦惱和心碎？無數的電台節目、專欄信箱、電視劇和演奏會都在談論這個題目。魯益師（C. S. Lewis）曾說：「當愛成為了神，它就成為了惡魔」，這話很真實。我們的世代崇拜「愛」——誇說其能力、傳說其神話、讚揚其美麗，並接受一切以「愛」之名而做的事。

就像情人節，這些節日有着極多的配套的確很好玩，但這是個遊戲。人們被它的高調所吸引，然後又為着它的不可理喻而感到困惑，幸好我每年都「存活」下來。情人節的確令人很興奮：許多人等待着那天求婚、等待着夢想成真、等待着那神魂顛倒的愛。另一邊廂，在那一天，又有多少願望將會落空、有多少人的心會碎、有多少家庭被出賣。

被愛，不是花錢裝扮

當我們想到愛的時候，其實是在想「被愛」。我們努力令自己成為更「可愛」的人——更吸引、更成功、更有名、更具競爭力。廣告令我們覺得美麗的面孔很可愛、磁性的聲很吸引、古銅色的膚色很性感。那些穿着 Gucci、自己創業、生活於上流社會的人是比較理想的對象。我們很擔心自己在這樣的排名榜上敬陪末席，於是竭力化妝補救、去健身室鍛練完美體態、上演講訓練班、交換名片，然後保持自己那膨脹的自我形象。我們浪費時間去找那位完美的愛人，卻沒有花時間去創造一份完美的愛。

人人都以為戀愛很簡單，像呼吸那樣自然。只要我們將自己打扮得大方得體和可愛，對方就能夠以愛回應，而我們也完全有能力去愛他。**我們尋找一位談戀愛的對象，也將自**

己包裝成為可愛的對象，卻忘了要栽培個人愛的能力。有些人唱起歌來音調平板，五音不全；有些人生來瞎眼，不知道顏色為何物。同樣，我們也有可能失去愛的能力，像失去聽力一樣而不自覺。

愛，未能定價

在這個物質主義和消費主義的年代，可以選擇的貨品愈來愈多，而我們的購買慾也大大增加。只要有能力，我們會買下心儀的東西，社會的運作像是一種互惠的交換。一個人擁有愈多金錢，便有更多的慾望，有些人也用這樣的價值來看其他人。

當一個男人成功又富有，自會尋找一個條件與他的資產能力相等的對象。而在男女關係的市場裏，最多人追求、最吸引的交換對象，就是有天使面孔、美麗笑容、火辣身材的女人。

女人到底想要什麼？我問過我任教大學的學生：「你們寧願要哪一種男人？英俊的、有學識的，還是關愛型的？」

四分三的女學生說他們想要富有的男人。她們不是在說笑。她們已經很有學識了，所以我想她們不再需要有學識的男人。但正如大部分菲律賓大學生一樣，她們都很貧窮，所以想找到個財力上更理想的對象。

人人都以購物的心態，想要討得最理想的價格。有的計較對方動機，甚或不介意當情婦的女人就像正在減價的貨品。要是女人知道自己的價值，便沒那麼容易被人玩弄感情。

性，不一定是愛

在眾多講述有關《鐵達尼號》（*Titanic*）悲劇的電影中，我最不喜歡里安納度（Leonardo DiCaprio）當男主角的那一齣。電影以高科技視覺效果包裝，卻埋沒不了當中扭曲的愛情的信息，實在令人失望。三天之內，想都不用想，已經失去了貞潔，而那放縱的情慾、不忠和報復的情緒，都因愛情之名而變得光榮。

最近有一項調查，研究美國大學生對約會對象和結婚對象的期望。結果顯示，無論男性還是女性，認為有活躍性生活的異性是更理想的約會對象，卻不是理想的結婚對象；而沒有性生活的異性被認為是不太理想的約會對象，卻是更理想的結婚對象。這好似表示約會和結婚是兩碼子的事，二者之間毫無關係。

我們的文化裏有大量的愛的惡魔。情慾引致的罪案也常見於新聞和電視上。失敗的婚姻、為情自殺、破碎家庭、亂倫、多元家庭和欺騙行為……全部都是因對愛情誤解而引起的。扭曲的愛是盲目的愛、欺騙的愛、操控的愛……統統是那些人們不重視的愛，又會很容易就摒棄的愛。

愛，只有一種內涵

真正的愛是一種委身、一種選擇，也是一種責任。它是最無私的行為，是兩顆勇敢的心同行的旅程。這種愛需要學習，也需要練習——要有紀律、要專注，也要用功。里爾克（Rainer Maria Rilke）寫道：「一個人要愛另一個人，可能是世界上最難的事；那是最終極的、最後的測試和證明，所有其他工作都是為了這愛而作準備。」我肯定一個情人節晚上並不足以表達這樣的愛。聖艾修伯里（Antoine de Saint-Exupéry）也這樣説過：「愛不是兩個人互相凝望，而是兩個人一起展望着同一方向。」

文章原載於《菲律賓詢問者日報》（*Philippine Daily Inquirer*）（2001 年 2 月 11 日）。

婚姻是一種委身、一種選擇，也是一種責任。

愛，如何出錯？

每次參加婚禮，我總會被新郎新娘的誓詞所感動。有些人會將那費盡心思的誓詞寫下來誦讀，有些則即席發揮；有些人讀誓詞時非常嚴肅，有些則顯得有點輕率，有時還會開玩笑——然而，一聽到「無論順境逆境，至死方休」，都會讓我想起婚姻的神聖和莊嚴。

現在，處處都是失敗的婚姻，雖說有些能預計，但有些無從估計，有時我不禁會擔憂：這些看似愉快、甜蜜美麗婚禮，他們的愛情會不會都不能長久？

愛，為何會出問題？

可信的人

決定結婚時最重要的考慮是對象為人是否可信，而不是外表、金錢、權力、家庭背景等等。

很多失敗的婚姻，最大的問題是沒有想清楚對方是否誠實可信，也沒有想清楚自己是否誠實可信。

我總感到非常迷惘，為何有一些人在其他方面很出色、很有才華，卻在愛情裏愚蠢得選擇一個口甜舌滑、外表吸引，但不誠實的人！

將自己的生命和未來交托給一個不可信的人，簡直是婚姻自殺。在選擇可信的配偶的同時，也要想想自己是否一個可信的人，能不能承擔起一生之久的承諾。

藉外表可以得到愛？

當我從電視上看見有些女孩患有厭食症、有女士做三十九次整形手術、抽脂被視為是基本程序、注射肉毒桿菌素注射針（botox）猶如家常便飯，實在令我很痛心。如果以為改變體態便能得到最好的追求者，或者能贏回不忠丈夫的心，這樣的想法根本是自毀！

如果你的配偶會因着隆起的胸部，或抽了脂的纖腰而迅速對委身改變主意，並神奇地增加愛人的能力和耐力，他的愛肯定是一文不值的。難道我們沒有留意到，那些國色天香、美豔動人的女明星和演員，同樣都會被背叛和遺棄嗎？

愛，不是講究筆直的鼻子、深深的雙眼皮、標準的臀部，或更順滑的秀髮。

為何要結婚？

「為何人們會結婚？」我在成人學習班上問我的碩士學生。

討論比平常更熱烈，因為人人都有意見要發表：社會期望？建立家庭？性愛？事業晉升？金錢？方便？移民？愛情？

年輕人似乎認為戀愛大過天，浪漫的愛是一切的關鍵；年長的則將婚姻視為務實的目標，彷彿他們已對愛情失去信心一樣。

女人的夢想是有一個美滿幸福的家庭，男人卻是無時無刻想着性！

那麼，結婚有意義嗎？應該有意義嗎？「閃婚」是否比有計劃的結婚更浪漫？結婚前要想清楚哪些事情？

我的底線是：如果一個人未能無私地愛另一個人，以致願意保護和珍惜他/她、為他/她的好處着想，有時還要考慮對方先於自己，並且願意一生都這樣做，那樣的關係並不會長久。

愛，錯在急進

當我聽見一些人淚流滿面地訴説着婚姻裏的難處和痛苦，我會懷疑到底婚姻對他們而言是否一種祝福。

為何要承受那樣的苦痛和不幸？我們愛，是自作自受嗎？愛，不是既精彩又有趣，在婚姻裏享受天倫之樂嗎？

我懷疑有很多人是自討苦吃、引火自焚。我認識一些人，他們自我形像低落，沒有自信心，對婚姻毫無期望，根本不願意忍受任何的對待。

許多人因為沒有從原生家庭經歷過真愛，所以自願放棄那最基本的謹慎之心，將最後的尊嚴都丟掉——就是為了得到「愛情」所帶來的廉價刺激。

婚姻是兩個平等的人的夥伴關係，他們所付出的代價不應該不合理地向某一邊傾斜。

愛情不是盲目的。我們需要有清晰的頭腦去慎思明辨心之所屬。要是跟錯誤的人在錯誤的時間以錯誤的理由結婚，將會導致雙方都有巨大的犧牲。

文章原載於《菲律賓詢問者日報》(2007 年 2 月 11 日)。

婚姻是兩個平等的人的夥伴關係。

誰是可愛女人

美貌還是智慧？智慧還是美貌？很多人都愛問男人，想娶一個漂亮，還是娶有智慧的太太。你認為他們會怎樣回答？他們最坦誠的答案會是什麼？

當我們遇到未婚的漂亮女性，會百思不得其解；但若有女性樣子平庸而未婚，我們彷彿明白箇中原因，而男人的情況卻不同：智慧型的男人跟帥哥一樣受歡迎，甚至可能更受歡迎。

有些女人外表美麗，但一說話就自暴其短；有些女人外表平凡，卻有睿智。看一些午間的電視節目，可以見到主持人戲弄面前的美女，嘲諷她們的「智慧」，但這些女孩們並不覺得被冒犯。事實上，她們看似很享受、也很自豪可以在節目中亮相和被留意。

「金髮傻妞」（dumb blonde）並不只是在說明一些典型現象，而是在說明一種價值、一種選擇和其後果。**當愈來愈多男人不選擇娶有智慧的女人，人們其實可能錯過一些良好基因，因此也錯過了給下一代光明的前途。**

孩子都像媽媽

有研究指出孩子的智商（IQ）與父母的智商大有關係，而且比較受母親的智商影響，特別是母親受的教育是影響孩子明日成就的重要關鍵。這些研究說明什麼？**子女的智商是天生的，而受過教育的父母所提供的培育，會決定孩子的學習環境，因而加強先天能力的發揮。**

母親不論直接或間接參與孩子的教育都比父親要多。母親是孩子學習語言的典範——她會改正他們的文法，與他們有更多溝通，也會增加孩子的詞彙和示範句式。母親會決定買哪些書和玩具、週末舉行哪些家庭活動，這關乎家庭的「知性」。母親會幫助孩子發展習慣和常規。她們經常督導孩子做功課，更留意孩子的進度。母親們，你們都在同聲和應吧？

如果一個母親着重美貌多於智慧，她可能會比較愛看時裝雜誌，而不是《時代》雜誌或《新聞週刊》。她會花錢買衣服，而不是買書；她會花時間到美容院，而不是玩砌字遊戲。我不希望將美麗的女人定型，只是嘗試看一些實際的狀況。一個愛看書的家長，自然地在家裏放滿書；一個愛數學的家長，會留意細節、有堅忍的性格，成為孩子的榜樣。

先不説智商的基因（許多研究發現，遺傳是一個更顯著的因素），孩子智商「後天學習」的部分是可以預計和控制的。**不要懼怕一個有智慧、受過教育和有成就的女人；這樣的女人，不單應該聘請她做員工，也應該追求她成為妻子。**

討好的包裝

讀者可能開始覺得作者是位外表不吸引、因着「吃不到的葡萄是酸的」，而大發牢騷。那麼，你可能會驚訝。有不少人都曾讚美我漂亮，令我受寵若驚，但必須承認的是，我也喜歡被讚美。

我從不認為自己屬於美女型。第一個認為我漂亮的人是我丈夫，但我一點都不相信他！或者我的父母也這樣想，只是他們從沒有表達過。小時候，有一次有訪客到我家裏，她直言不諱：「多麼醜的孩子啊！」也許我不應該怪她，因為當時的我實在是骨瘦如柴，鼻子很扁，眼睛很小。現在我會安慰自己，是大器晚成吧。社會審美的標準肯定是改變了！

成長的時候，我們會明白「智慧」的概念，是看成績表和誰人在優異榜上有名，對學業成績方面有較強的認知。但當我們成長並進入真實的世界，可能會發現社會正在用另一套標準衡量我們。傳媒告訴我們，美麗的女人更珍貴。戴着眼鏡的「女教授」在清談節目中雖然是該話題的專家，只能坐在後座，任由那位什麼都不知道的美麗女演員坐到更重要的位置上，她可能對話題毫不關心，甚至連問題是什麼都還未弄清楚。

我要說明的是，請有智慧的女人都要好好地打扮，盡力將自己打扮漂亮。頭幾秒或幾分鐘的端莊外表會給你發言的機會。**現今的社會重視美貌多於智慧，令許多聰穎的女人永遠都沒有機會傳遞她們的想法。你可以美貌與智慧並重——**

穿得時髦、學幾招化妝，這一點都不難；難的是如何培養出聰明的頭腦、說智慧的話，以及以流利的語言溝通。包裝一下，讓世界有機會聽見智慧女人要說的話。

文章原載於《菲律賓詢問者日報》(2000 年 3 月 19 日)。

婚姻是智慧的追尋。

尋找愛的故事

最穩妥的吸引——寫於銀婚紀念

上官賢恩

1980 年的菲律賓獨立紀念日，是丈夫和我將生命委身於神聖婚姻的日子。回望這四分一世紀所經歷的美滿生活，我們非常感恩，感謝上帝滿滿祝福我們的婚姻和家庭，並賜下恩典！

我與丈夫結婚二十周年的日子，我在《菲律賓詢問者日報》發表一篇文章〈結婚需要勇氣〉。**我相信結婚不是為那些膽小和軟弱的人而設的，而是為勇敢的人而設，唯有堅強的人才能維繫一段婚姻。**

小時候，我總以為每個女孩都會結婚，而且會永遠快快樂樂地生活下去。在我所成長的家庭裏，沒有人是以「另一種生活模式」或「多元家庭」的方式過活。然而，長大後，

我卻發現婚姻能維持一輩子的人不再是大多數，而是少數的例外。

當穩定婚姻成為例外

2003 年我在哈佛大學做博士後研究時，曾上過一個成人發展課程，課堂上有四個人跟我屬同一個年齡組別。我們五人一起分享生命的故事——我們都已經結婚，或說結過婚，其中兩人已離婚，分別離了十二和二十二年，一位沒有兒女，一位則是單親媽媽。第三位與丈夫分開多年，最近復合；她沒有生孩子但收養了兩個「難搞的男孩」。第四位結了婚，但二十二年來都沒有孩子。我是唯一一個結了婚又有孩子的。

我是最後一位發言的，但心裏很猶疑，怕自己的故事太與眾不同，別人可能以為我在自誇。我的分享很簡短，只是柔聲地說我認為自己很「幸運」，我的丈夫很支持我，我也育有兩位很可愛、很乖巧的青少年子女（現在都是成年人了）。我説着一些家庭生活的片段，其他組員從心底發出讚歎，鼓勵我分享更多。

自從那時開始，不論是在教會還是坊間，我有很多機會聆聽中年婦女的分享。許多人都離了婚或者分了居，也有很多面對着離婚、成為單親媽媽、爭奪撫養權或夫妻不忠的兩難局面。然後，我不禁問自己：為什麼我的故事會是少數的例外？

撐着雨傘的那個人

共渡了二十五年的時光，我現在可以說，生命中做得最好的決定是嫁給我的丈夫，他是那位對的人。

我們的愛情故事可以用雨傘作為象徵的標誌。十多歲時的一個黃昏，我去了剪頭髮。離開髮型屋的時候，發現天色已晚，而且下着大雨。我當時身上沒有雨傘，更別說是手提電話了，實在沒法走到下一條街，就是我的車子停泊的地方。

當我正在懊惱該怎樣做的時候，有一個年輕男人從暗處走出來，打着一把雨傘。原來他有點尷尬地等了一段時間。我很高興，也很驚訝，差點想在那時那地跟他說「我願

意」！

他設想周到，以及願意關懷和保護人的性格，是我最終嫁給他的原因。

最近，在著名歌手華生（Russell Watson）的演唱會後，也重演了一次這雨傘片段。丈夫和我在最後的一首歌完結前，離開了菲律賓國際會議中心（Philippine International Convention Center），看見長長的車龍已擠住了整個出入口。

我們走到前一條街，致電給司機，請他駕車來接我們。我們等候司機慢慢從擠塞的車海中駛過來時，卻下起毛毛雨。

穿着華麗衣服的丈夫想也不想，直接奔向還在遠處的車子，為的是給我拿把傘。我看着他匆忙的腳步，不理雨水打在他身上，實在非常欣賞和驚訝，他怎樣可以二十五年來都堅持這樣設想周到、保護我和孩子的行動。

<u>人與人之間總會互相吸引，但我們不希望別人以錯誤的方法或原因被我們吸引。我會被人的性格、思想和生活經驗</u>

所吸引，而不是被他們的外表、金錢和所住的地段吸引。所以，我相信別人被我吸引的原因也一樣。愛是深入思想和靈魂的特質。

穩妥的吸引

我的外表不是我整個人最出眾的部分，而我也不知道我最好的特質是哪些！**肯定的是，我所感受到的愛，並不關乎我的外表。因此，我心裏很穩妥，即使我年紀漸長、身體自然地改變，也不用懼怕體態的轉變會影響我的婚姻。**

我沒有任何打理家務的技巧，不會煮飯、不會縫紉，不會做任何著名烹飪節目主持瑪莎．史都華（Martha Stewart）很擅長的東西。換句話說，我不是傳統的「賢妻良母型」，但有一個好奇和有趣的性格。

我閱讀很多不同的書，消閒類或經典都看；常常聽古典音樂，家裏有許多古典音樂 CD；我喜愛購物——通常都是買書和衣服，卻不喜歡到街市買菜。我常常去旅行，花很多時間看博物館和聽演奏會；不會只談做妻子和做母親所關心的事，也不會只跟其他已婚、有孩子的女士聊天。我對生活的態度，以及我可以聊的事物很廣闊，也很哲學性，是正面意義的那種哲學性。

所以，雖然我未必是一個典型婆婆最想得到的媳婦，但我很肯定我最適合成為我丈夫的妻子，也最適合當我孩子的母親。

回顧這二十五年的婚姻生活，我不認為婚姻使我作很大犧牲。相反，**我認為婚姻讓我有一趟美滿的旅程，從中去學習彼此相愛、一同成長和建立關係，而這些年來充滿着故事和笑聲。**

如果以一幅畫來形容我們的婚姻生活，那會是一幅色彩斑斕、陽光普照、充滿喜樂的圖畫。沒錯，這些年也經歷過一些爭辯和冷漠的時刻，但從來沒有謊言或背叛，也沒有不忠和不負責任的行為。我們的愛，持續至今。

我們在婚姻裏，都要向上帝、我們的孩子、我們的父母，以及那些愛我們、關心我們，以致一起走人生旅程的人交帳。所以，對我和丈夫而言，婚姻是份無價的禮物，我們感恩領受，用心和用智慧培育這段婚姻，也深深地珍藏這份愛。隨着年日，我們只有更加感恩。

文章原載於《菲律賓詢問者日報》(2005 年 6 月 12 日)，該日是上官賢恩與丈夫高覺新的二十五周年結婚紀念日。

婚姻是相愛、成長和彼此建立的關係。

最珍貴的約會

彭瑪利

彭瑪利（Maricel Laxa-Pangilinan），菲律賓電視、電影女演員。從事寫作，也在《菲律賓星報》（*Philippine Star*）寫專欄。

我與丈夫結婚已經二十一年了。然而，許多次我仍要捏一下自己，才能確定那是真實的。與結婚那時相比，我們現在更深愛對方，而這份愛情還帶來五位愛情結晶品，他們都是可愛的孩子。我們深受祝福，這全是上帝的恩典。

小時候，總愛玩「煮飯仔」：我會幻想自己有一個丈夫和一堆孩子要照顧，在簡樸的家裏做着各樣家務。當我回看這一切，上帝的安排實在很奇妙，祂一早裝備我今天成為別人的妻子和母親——兩個我最衷心喜愛、最重要的角色。能成為我丈夫的妻子，以及我孩子們的母親，實在令我感到滿有朝氣。

可能你會問，這跟約會有什麼關係呢？關係可大了！如果我們能像上帝般從更宏觀的角度看自己的生活，便會發現一切偶遇，都影響着我們的將來。

自由與界線

中學時代，我在美國生活，認識了各式各樣的人和他們的生活方式。電影裏看到外國人在交友戀愛的自由開放，原來都是真的，他們很年輕便約會。十六歲時，我開始了第一次約會，而這次初戀跟典型的「青春的十六歲」故事也相當近似。那時的我居住在美國這片自由之土上，覺得自己很堅強，也很獨立，但我的心智仍稚嫩，思想未完全成熟。我曾以為一到了十六歲，就能經歷甜蜜和浪漫世界裏的所有事情，卻經歷了許多與異性相處的難題。我不夠成熟處理自己的情緒，結果承受了一些超越青少年心智所能負擔的壓力。

我感恩父母將我從極端的獨立中「拯救」出來，在進入大學前，他們要我回國，讓我再嘗嚴守家規的滋味。我面對他們許多的規矩和指引，什麼都要向父母交代。在美國習慣了自由自在的生活，令我很抗拒家規。不過，父母仍清晰地為我定下了一些生活的界線。

哪有母親會載女兒上大學，然後在停車場等她，以確保她有去上課？——我媽媽的確這樣做。她總覺得我踏進影視界，取得短暫的成功後就會輟學。當時，我有一份收入穩定的工作，的確認為沒有大學學位也可以生活得很好，但她的立場很清晰：只要我仍住在她家，就得聽她的話，沒有商榷的餘地。

我能認識丈夫安東尼，是透過媽媽的靈機一觸。我當時是菲律賓大學（蒂利曼）（University of the Philippines Diliman）的新生，被邀請到安東尼的學院作為即場繪畫比賽的模特兒。他是建築學系的師兄，人很外向，那天剛好路過看看有什麼活動。他叫他的朋友為嘉賓（即是我）預備飲料，如汽水，但媽媽在旁悄聲地說：「噢，她不喝汽水的，但她會愛喝豆花（taho，類似豆腐花的菲律賓甜點）。」安東尼看了她一眼，叫來了豆花小販，特意為我買了一杯。付款的時候，才發現身上沒錢，媽媽很樂意地替他結帳。我後來才知道這個豆花的插曲，當時只知道這位滿有活力的小伙子給了我一杯特別的飲品，令我留下印象，而他似乎也有種說不出的魅力。那時，我不知道他是誰，媽媽卻記得他的名字。

差不多一年後，我才在人人都去的飛時的士高（Faces Disco）再次遇上安東尼。那時，我剛與男友分手，而安東尼也剛回復單身。我留意他走進了的士高，我把他當成是下一個「目標」；而當他留意到我也在場，把我當成需要被他拯救的可憐少女。我們各有自己的想法，但那晚我們跳着舞，一切都很美好。我不知道他從我一位朋友取了我的電話號碼，後來還致電給我。

自從在的士高重遇之後，我和安東尼常常在一起。有一次，他致電給我，不是為了約會，而是邀請我參與他哥哥參選議員的宣傳活動。安東尼是宣傳活動的經理，需要邀請一些名人吸引羣眾來參加。那時我在暗戀他，當然樂於支持。在這趟宣傳活動的過程中，安東尼帶領我到主耶穌跟前認識祂，而我們也開始認真地喜歡上對方。

安全感先於愛情

故事並未順利發展下去。安東尼在求問上帝之後，決定我們暫時不要見面，好讓我可以在信仰上扎根。他認為他要先退後一步，我才可以專注仰望耶穌。因為只要他在附近，我的信仰只是圍繞着他，而不是圍繞着神。

我很憤怒，也很困惑，但同意了他的建議。初信之時，在信仰上成長對我而言也是一個挑戰。我想向他證明，我是真正地接受耶穌，而我跟祂的關係也是會長久的。我們三個月沒有見面，只是互有通信。當時沒有電郵，只有親筆寫的信，但我相信那時的信是寫得最浪漫、最熱情的。

我在主裏成長，在教會裏扎根，受到學園傳道會的奧普拉・馬拉西根（Orpah Marasigan）的栽培。我很愛耶穌，以致當我再次見到安東尼時，他只是一項加添的祝福，而不再是我生命最主要的吸引。

這是我第一次能從更大的源頭取得心裏的安全感。我不再從一個愛我的男人身上找自信，而是從上帝那永不動搖的愛裏尋到自己。

貞潔先於親密

正式約會了八個月後，安東尼向我求婚，訂婚後六個月便結婚了。要保持適當身體接觸的距離不容易，特別是訂婚後我們真的熱戀着對方。有時，我們會有些妥協，但我們很清晰知道，要為將來的配偶守住對方的貞潔。對我而言，這特別困難，尤是我過往的幾段關從來沒有如此看重這事。事實上，當兩人身體上愈趨親密，這是一種很自然地表達愛的方式，安東尼卻因着上帝的話語而有另一種價值觀，而仰賴上帝的恩典，我們都很尊重這種價值。

對某些人而言，我們的指引似乎太「出世」，甚至太難執行。當我回望過去，卻知道**這些指引幫助我們定睛於耶穌，也讓我們在生活的不同方面成長，深深認識對方，留心被對方吸引時有沒有太多的身體接觸。**安東尼和我清楚知道如何處理試探的引誘，花上許多時間禱告，互相提醒要尊重將來的配偶，因為我們有可能最終不能成婚。

愛的界線

現在，因着我們在管理顧問公司、培訓和傳媒工作，有不少機會，竭力向許多人分享我們夫婦的經驗。

我們以約會的原則裝備自己，重視以對方為配偶的承諾；後來更使我們能聚集聽眾來認識這套原則。我們知道因着過去所訂立的指引，令我們今天更懂得與孩子討論約會的問題。

孩子們可以從兩個角度看約會的事：我年輕時的自由開放，以及我丈夫基於上帝話語而選擇的基督徒方法。那時，我們根本不知道所訂立的約會指引會對自己的未來那麼有影響，只是隱約知道這很重要。現在回看，我們知道這一切都很值得，我們成為了孩子活生生的見證。他們可以有根有據地以上帝的方法做事。進入約會的階段，思考如何跟他人建立關係之時都有一些參考經驗。我們也知道他們將來也會覺得這一切是值得的。

文章原載於 *Jeremiah's Dilemma Quarterly*（2012 年 5 月）。

附：我們的約會指引

當我和安東尼正式開始約會，我們希望保持對方的純潔，在關係上榮耀上帝。所以，草擬了一份約會合約，設下一些指引，並找來我們的父母、牧者和導師的簽署。其中一些「條件」如下：

- 約會前後都要禱告；
- 約會時訂明一個明確的目的；
- 儘量與其他朋友一起相處，不要有太多獨處的時候；
- 所駕的車，玻璃窗是透明的；
- 在晚上十時前歸家。

當我們在家裏時，都同意：

- 如果在睡房聊天，要讓人透過窗戶或門口看見我們；
- 要多做一些令自己生命各個範疇長進的事，而不要只專注在會引致我們「犯罪」的情緒。

婚姻是先學會界線，才能享用親密。

單身者的幸福故事

馬喬里

馬喬里（Marjorie Magno），專職作家和編輯。她是永恆樂觀主義者，認為杯子是半滿的。她參與了一個單身的門訓小組，一同學習神的話語，並互相分享各人的掙扎和喜樂。

每次參與新的社交活動——公司派對、興趣班、新的事工小組，或者與好久不見的舊朋友、舊同學或遠房親戚敘舊，他們總愛問我為什麼沒有結婚。有時我會用我朋友史提夫的妙答法，引用 U2 樂團的歌詞說：「我仍未找到最愛。」有時我會反問：「為什麼你沒有介紹 Mr. Right 讓我認識？」我的單身朋友伊薇特會沉重地回答：「我也常常這樣問神……」然後場面會一片沉默，大家也不再追問。不過，那樣的回答仍然有許多尋問的空間——上帝怎樣看單身的人？祂什麼時候會鼓勵人結婚？為何祂沒有為我賜下適合的伴侶？

以前，婚姻差不多是一個必經的儀式，許多女孩子十多歲便會結婚。時至今日，並不是人人都想結婚，就算結婚都不會那麼早。於是，我訪問了一些單身人士，想知要道他們怎看自己單身的處境。

上帝最好的預備——誰？哪裏？什麼？為什麼？

毫無疑問，《聖經》是支持婚姻的，因為《聖經》裏都以婚姻比喻上帝與祂子民之間的關係（賽 54：5；耶 31：31-32）。然而，《聖經》從來沒有指單身是不正常、次等或不完全的。反而，單身也有被歌頌的時候。有些偉大的聖經人物都是單身的，例如以利亞、但以理、耶利米、施洗約翰、保羅、巴拿巴和耶穌。

保羅在〈哥林多前書〉7 章 7 至 8 節這樣寫：「我願意眾人像我一樣；只是各人領受神的恩賜，一個是這樣，一個是那樣。我對着沒有嫁娶的和寡婦説，若他們常像我就好。」

留意保羅認為結婚和單身都是恩賜。如果你在想，為什麼人人都能結婚而我沒有，那麼就要明白結婚並不是神對所有人的旨意。重要的是，**我們相信只要跟隨上帝為我們所預備的，不論是結婚還是單身，都能有一個有意義和喜樂的人生。**

我的朋友芭芭也認同，說：「為什麼要跟神對你生命的計劃過不去？」我們要凡事謝恩、讚美上帝。她建議單身者「不要再掙扎、對抗神為他們計劃的生命。順服於上帝、尋求祂、住在祂的愛中，祂就會賜你生命所需用的一切。一切順其自然，要發生的事，總會發生。」

上帝「最好的預備」不一定是一個將來的配偶；上帝願意我們的生命完滿，不論結婚或單身。

單身：全知上帝的禮物

有時候，結了婚的人總是不識時務地以自己的觀點角度衡量每個單身者。他們認為單身的人必然是欠缺了什麼，或者需要某個誰。他們用心良苦，一番好意地想成為媒人，促成良緣。

你使我完全。這句對白很浪漫、很真實，但若然認為我們的創造者將我們造成「半個人」，而有配偶才「完全」，倒是不合《聖經》的。這貶低了我們獨特的品性和能力，似乎說我們有些欠缺的部分，遠在他方。

如果上帝的計劃是要讓你結婚，你不必太擔心自己仍未找到那個對的人。神回應的時間未必在我們預期之內，但祂永遠不會遲到。

有時不是我們把禮物不當成一回事，而是我們想要和別人交換禮物。有一年的聖誕，我收到朋友給我的禮物，當時我非常開心，直至我看到她送給別人的禮物。坦白說，那時我很妒忌。單身者的情況或許有點相似，除非我們能睜開雙眼、看清楚上帝所賜給我們的是什麼，才不至於想要匆匆進入婚姻。上帝所賜的禮物有不同大小，也有不同形狀。我想起一位單身姊妹的禱告，她求神：「如果婚姻生活真的比現在單身好很多的話，才賜給我吧。」

單身者不應該覺得生命有所缺欠。雖然沒有配偶，但上帝就是他的愛人（何 2：19-20）。祂是一位可靠的愛人，祂的愛是無條件的，也無可媲美。上帝會供應單身者一切最深層的需要，所以他們不需要抓住什麼代替品。

要對那位賜予者有信心。祂的計劃是最好的，祂未嘗留下一樣好處，不給屬祂的人。

是時候打開你的禮物

要是面對額外的開支、長時間的會議或週末工作，結了婚的人要衡量一下，這會否影響他家人（配偶或孩子）的生活；但單身人士面對即興的工作或娛樂，相對地自由，至少比已婚者自由。他們不需要在臨時加班、即興晚飯或旅行前，先問過誰的意見（上帝除外），也不需要先考慮這是否影響了誰的生活。

小薇是一位單身姊妹，也是家裏的經濟支柱，單身讓她有自由可以追求自己的理想，例如一邊完成工商管理碩士課程，一邊工作養家。週末時，還可以帶她母親到醫院作恆常檢查。同樣，另一位姊妹也認為，她能夠參與許多的教會事奉，是因為她能專心一致地事奉上帝。

數算主恩。如果你單身的時候，你已對自己的生命，包括工作、關係、家庭等不知足，那麼，你怎能肯定結婚以後，就能知足呢？可能在結婚最初幾個月，或是最初幾年，你會認為這是你夢寐以求的生活，但各樣的問題和分歧很可能會陸續出現。你不再快樂，然後又會怎樣？所以，請為你現有的東西和經歷感謝神，並享受這一切。

佈道家麥道衛（Josh McDowell）說得很清楚：「你單身時是一個怎樣的人，結婚時也會是一個怎樣的人，而且那樣的特質會被放大。如果本來有些不好的性格，在婚姻裏會變得更加壞，因為你已將自己的警覺性放下了 —— 那個人已委身於你，你不再怕自己會嚇走他。」

等候不是一項選擇。當一位單身姊妹無數次被問及為何她仍未結婚，她說，我仍在等候。等候是一種被動的放棄，為何不盡用現時的處境？

上帝安排某些人結婚、某些人單身，沒有哪一種比另一種好。許多單身的人夢想着能有一天步進教堂；同樣，許多已婚的人想立即回復單身。

有些人單身事奉神更好，有些人夫婦二人同心事奉神更好，兩種人同樣重要。生命裏最重要的，不是要尋找伴侶或生孩子，而是要讓你的生命為神所用。

因此，我認同一位朋友積奇的看法：**單身對神的孩子而言，是一個神聖的約定。當你的繩子在神的手裏，結，還是不結，都不重要了。**

文章原載於 *Jeremiah's Dilemma Quarterly*（2012 年 5 月）。

附：神賜給單身者的禮物

單身者的生命不只是在等那個對的人。珍惜你所擁有的時間和資源，探索這些禮物吧。

與上帝親密相處的禮物

單身者可以透過讀《聖經》、禱告和敬拜來經歷上帝、委身於祂。我們可以專心一致地定睛於祂，正如〈哥林多前書〉7 章 35 節所寫：「我說這話是為你們的益處，不是要牢籠你們，乃是要叫你們行合宜的事，得以殷勤服事主，沒有分心的事。」

友情的禮物

即使我們單身，但我們並不孤單。我們要與家人和朋友建立關係。更重要的是，我們要成為神家裏的一份子。參與一些小組，或參與一些事奉，讓你可以祝福別人，祝福自己。〈希伯來書〉10 章 24 至 25 節寫道：「又要彼此相顧，激發愛心，勉勵行善。你們不可停止聚會，好像那些停止慣了的人，倒要彼此勸勉，既知道那日子臨近，就更當如此。」

事奉的禮物

我們都有獨特的品性和恩賜才能。你為神國發揮了多少？你是否喜歡唱歌、教導，或輔導？可能你的教會正正需要你這樣的人來祝福他人。又或，你是位專業人士，那麼你可以用你的專長義務服侍非牟利團體。你是否有好些資源——金錢、時間和才能，可以獻予主？你可以幫忙做點家務、替鄰居看一下孩子，或成為義工參與社區食物銀行的服事。

婚姻是一種選擇，要緊是生命的豐盛。

真愛，值得等候

上官賢恩

這個故事與童話故事不無相似之處。一位穿着光亮鎧甲的騎士，遠道而來，為的是要迎見他所愛的佳人。無論是熱愛浪漫故事的人，還是那些凡事都懷疑的人，都會被他們的故事説服，相信世上還會出現奇蹟。如果你今天能遇上這對騎士佳人，你會發現他們比任何一對夫婦更珍惜對方。

他們十二年前的婚禮很簡單，在數百名親朋的見證和如雷的掌聲下結下婚盟。新娘五十四歲，新郎六十七歲。他們結為夫婦後第一次接吻，向着親朋展開燦爛的笑容。

法蘭西生於富貴之家，她的父親是名律師和國會議員，也曾當上過內閣大臣；她的母親是位企業家，是一間本地著名鞋公司的繼承人之一。她的童年很愉快，也很受保護，是八個孩子中的第六個。

五歲的時候，成熟的法蘭西想要成為老師，她熱愛在角色扮演遊戲中當老師。那時她開始反思自己的生活，問自己哪些情況會令自己不開心，她想起兩種情況：「如果爸爸不喜歡我結婚的配偶，以及如果我將來不能生孩子。」

她確實達到了自己的第一個夢想，成為了一位老師——最初在自己的母校教書，後來到了大學任教。後來，她成立了自己的學校；三十年後的今日，她的學校仍然充滿活力，而她很享受每天的工作。

總遇不上

至於她那成家立室的夢想，倒是另一個故事。年復年過去了——由小學到中學，由中學到大學，甚至出來工作，她還是沒有男朋友。雖然有不少男孩敢於到她家叩門，她卻堅守着家庭保守的教導。

她的朋友和學生忍不住想，如果這樣可愛和有才華的淑女得不到婚姻的祝福，實在是太可惜了。她人很漂亮，樣貌標緻、五官端正、雙眼有神、身形瘦削，也穿得斯文大方。而且，性格開朗，擅於交際，為人也很善良；事業有成，也略有名氣。不過，到了三十多歲，她開始接受自己可能終身單身的事實，並這樣禱告：「主啊，如果我能結婚，這是莫大的祝福；但如果不能結婚，我也同樣讚美你。」

雖然有很多年，她都有一位要好的男性朋友，但她知道自己不想與他結婚。雖然她沒有孩子，卻很有福氣地在學校裏成為成千上萬的學生的母親。

數十年過去了，她的朋友結婚生子，還有了孫兒。但法蘭西在五十三歲時還是孤身一人，她的朋友和同事都以為她一輩子都會單身。

情牽一線

但故事有一個動人的轉捩點！

羅米高生於小康之家。父親是一間汽車公司的會計，母親是家庭主婦，家裏一共有十個孩子。母親要工作幫補家計，米高雖然不是大兒子，也會幫忙照顧兄弟和到市場買菜。後來，他進神學院讀書，二十七歲時娶了太太米利暗，她是一名輔導老師。

米高和米利暗的婚姻一直很愉快，育有三名兒女，直至米利暗在美國不敵癌魔離世。結婚三十八年後，米高在六十六歲成為了鰥夫。

菲律賓傳統以一年來哀悼親人。一年後，的確有一個新的開始正在等着米高。上帝差派了兩位牧師朋友來促成良緣。米高在五月份打出第一個越洋電話給法蘭西，但他們第一次面對面的約會是在九月，米高已經自信地向法蘭西宣告：「我愛你，我想和你結婚。」法蘭西心想，這很誇張！但他們確實是相愛的。翌年一月，他們結婚了！

沒有天生一對

我最近花了一個下午跟米高和法蘭西聊天，他們現在已經分別七十九和六十六歲了。他們談到自己的愛情故事，我明白了法蘭西怎樣看遲婚，以及米高怎樣看再婚。

米高的背部雖有一點微彎，但他打扮得像盛年時一樣，穿着蘋果綠色的襯衣，頭髮也用髮油打理好；法蘭西穿着鮮艷的橙黃色襯衣，這與她的臉色和性格十分相襯，也配戴着美麗的飾物，加上一點粉紅色的唇彩。從外表看來，他們很相襯。

不過，他們的性格在很多方面都相反。法蘭西是一個自信的人 —— 健談、樂觀、擅於表達；而米高是一位安靜的紳士。這天他在會所的一角安然等待法蘭西悠然自得地跟每個職員打招呼。法蘭西承認她不太善於保持家居整潔，在初次見面時已坦誠告訴米高這個「缺憾」，但米高持守承諾，並不介意她所砌起的亂堆。當問她喜歡米高什麼，她想都不用想便回答是「耐性」。

米高被問同一道問題時，他乾脆回答「她的所有」，就像大部分不知如何回答的男士一樣。當問到更多具體的細節時，他說：「她總是穿得大方得體。」太太開懷而笑，我也相當驚訝。（不知道我丈夫會不會也這樣回答？原來對年老的夫妻而言，外表也仍然重要！）米高後來愈說愈多：「她天生對小孩的關懷、友善的性格，就是那種讓你引以為傲的人。」

法蘭西回想起來，認為她決定下嫁他，是因為米高對她工作的支持。「他讓我繼續做自己。」法蘭西怎會捨得放棄這些年來所建的兩所學校，跟他去美國呢？米高決定為了她回到馬尼拉，不需要法蘭西在他和學校之間作選擇。

法蘭西五十四歲才結婚，讓很多較年長仍未婚的女士燃起盼望。雖然法蘭西一直知道男女有別，但她終於親身經驗這樣的頭腦認知。「男人不喜歡由別人告訴他怎樣做。他們想做決策的那一個。」另一方面，「如果你想得到某些東西——例如你想跟他到戲院約會，那就直接告訴他；男人很遲鈍，就算你不斷提示他們，他們都不會明白。」

米高認為再婚的最重要原因，是享受伴侶的陪伴。「我不能忍受只有自己一個人。」他喪偶後的一年過得很孤單。

遲婚又有什麼不同呢？法蘭西觀察到他們比年輕結婚的夫婦有更多包容和更願意付出。許多小事「在永恆的目光中」都顯得不重要。「年輕人總是感到不耐煩，很容易放棄。」她考慮到他們這種年紀的人已經很有自己一套，她提出以下建議：「順其自然，給予對方空間和時間。」

我很喜歡這個愛情故事。我很多年前已經分別認識他們，羅牧師是我爸爸的朋友，多年來都受邀在我爸爸公司帶領每週查經；法蘭西老師是我的大學老師，巧合地在她讀博士時成為了我的學生。他們各自在自己的專長上都很有名，亦很受人尊重，受到朋友和同事的愛戴。奇怪的是，他們居然有半個世紀在馬尼拉都沒有遇上對方，直至有媒人在美國將他們撮合起來。

當上帝將兩個人放在一起，就是如此奇妙地在這樣的距離和時空下，他們仍能相遇相愛。我們實在相信任何年紀的人，都有得到真愛的盼望。對法蘭西老師而言，這是「等候上帝」美好的一課。

婚姻是人生奇妙的相遇，不管到了什麼年齡，

都不要失去對真愛的盼望。

為什麼婚姻會失敗？

卡姬娜

卡姬娜（Gayla C. Carreon），在菲律賓大學修讀新聞與傳播學和工商管理學碩士，在加州太平洋宗教學校（伯克利）（Pacific School of Religion in Berkeley, California）修讀神學研究碩士。

我們曾經是最理想的一對。

小學的時候，我們的父母已經互相認識，而且是好朋友，而我們則在大學時才認識。那時，我是大學生，他在唸碩士。我們上同一間教會，一起參與詩班，又是同一個基督徒學生組織裏的中堅份子。

當我完成大學學位，踏進社會工作，我的社交圈子擴闊了，也曾跟不同的人交往。但生命有一部分沒有改變，就是我所參與的教會和教會裏的弟兄姊妹。

我和家人都認識了他一段時間，我們很欣賞他的年輕有為、自力更生。到了我認為應該要結婚的時候，考慮了各個可能的人選最後認為他是我要嫁的人。

完美的一對？

我們舉辦了一個稱心滿意的婚禮，然後很快便安頓。婚後大部分時間都是這樣——平日上班，週末教會；星期日的午餐和假日則與雙方的家人一起。我們偶爾會去旅行，但大多數都是因為工作需要才會外出。

旁人認為我們是完美的一對，事實上，我們有許多共同的喜好和興趣，很少吵架。有時意見不同，例如怎樣局部裝修我們的家、如何勸導那屢次犯錯的家務助理，但問題都會很快得到解決，因為通常有一方會遷就另一方。

背對背的走着

不過，過了好些年日，我們都意識到，雖然住在一起，但我們的生活卻是朝着不同的方向進發。我在一所專業會計事務顧問公司裏的事業如日中天，工作愈來愈多元化，有時要到海外工作。可是，我的丈夫卻決定創業，好讓自己的時間更有彈性。我的工作時間，特別是到海外工作的時間，就成為我們之間的爭論點。雖然他沒有直接説出來，但我知道他希望我能減少工作的時間，可是我卻想進一步發展自己的事業。我們每年都討論這個議題，他不是想我辭掉工作，只是想我按他所能接受的條件工作，但我覺得自己做不到他的要求，所以決定離開，不想繼續在這個多年潛藏的問題上糾纏。

雖然我們是夫婦，但我希望能按着自己喜歡的方向成長，也想我丈夫能成為他想成為的人。可惜，他並不認為我們的關係應該如此發展。

我們不滿的情緒並不是一朝一夕的。我開始對一些小事感到不滿，只是不想吵架，便將這些情緒收藏起來，這實在是個錯誤的決定。那樣的不滿累積，有一天，我發現自己不想與這個同住的男人終老。當我告訴丈夫我想離開，他請求我給予一點時間與他商量，我同意了。我們的確有討論過，卻無法達成共識。

路就是走不下去

從我的角度來看（說清楚一點，這只是關係裏的其中一方），我們無法以一對已婚夫婦的身分一起解決問題，是因為背後還有些更根本的原因。

首先，我決定要結婚的根基並不完整。那像一幢要靠四條支柱支持的房子，只得三條支柱。從實際的角度而言，我知道這個人能夠關心和供應我和孩子將來的需要，我的朋友家人都很喜愛他。這一點對我很重要。我欣賞他的智慧和能力，也喜歡與他一起思考和聊天。屬靈上，我們有共同的信仰和對教會的委身，很享受教會的團契生活。**不過，我沒有愛他到一個「神魂顛倒」的地步。**我以為上述這些擇偶原因可以彌補這小小的不足，但原來不可以。

其次，當籌備婚禮時，我們沒有清楚坦白地表達對對方的期望。**我們仔細商討每一個婚禮的細節，卻從來沒有談到婚禮以後如何開展新生活。**如果我們有談到這一點，或許我們會早點明白彼此對婚姻的概念不同，可能有些協議能夠達到共識，又或者及早知道我們無法達到對方的期望。

第三，我們沒有孩子，這讓我們決定結束婚姻時會容易一些。孩子或會為這十三年疲倦的關係帶來新動力，我們又會將專注力從自己身上轉移到那新生命身上，孩子和養育的過程中會帶來許多喜樂和新發現。**雖然我不能保證有了孩子就能改變我們婚姻的本質，或許有了孩子，我會更努力去經營自己的婚姻。**

所以，我的婚姻就這樣完結了。

我的世界並未完結

我離開了夫家，回到娘家。有些法律上的程序需要時間處理。前夫和我繼續各自的活動，包括我們在教會的共同圈子裏的活動。幸好這次離婚沒有牽涉第三者，沒有一些不愉快的衝突，但無可否認會受到一些指責（通常都是針對我），我也坦然接受，沒有仇恨或報復的念頭。

〈哥林多前書〉10 章 13 節寫道：「你們所遇見的試探，無非是人所能受的。神是信實的，必不叫你們受試探過於所能受的；在受試探的時候，總要給你們開一條出路，叫你們能忍受得住。」雖然這節經文說的是試探，我很相信這經文是說上帝若給我們試煉，祂也必會供應我們面對和克服這困難的一切所需。這是我的盼望。祂的憐憫給我能力面對。

很強的支持後盾：我所走的每一步，家人都在背後支持我，父母客觀地看這個情況，沒有論斷我或前夫，只是欣然地接納我回到家裏。

前夫家人的回應也一樣。他們沒有因此而遠離我，這些年間甚至有時邀請我參與他們的大型家庭活動，兩邊的家人都明白那只是一段兩個人的關係。

連我們的朋友，不論是我們各自的還是共同的朋友，都仍與我們保持友誼。最初大家有點不自在，但長久的友誼很快就沖淡了一切。換句話說，在我們離婚過程的前後，他們都沒有放棄我們。

自力更新：我離開夫家的時候，只帶了自己的衣服和幾件個人物件。一名律師朋友建議我辦離婚手續時，第一件要做的事是解除婚姻聯名，以及將聯名資產分配好。我首先進行這個程序，不是因為我想分得自己那份資產，而是我們不想有任何後續的責任。這程序進行得很快，主要是我決定不索取任何聯名資產，所有全數歸他。我的朋友說我不智，但我這樣做是不想被指「魚與熊掌兩樣兼得」。我想分開得清清楚楚。

感謝神我有一份收入不錯的工作，也有家人的支持。工作容讓我在不同方面有所得益，致使我重建物質資源，讓我忙碌而不會沉溺在我做了什麼或沒有做什麼導致婚姻失敗的問題裏；而最重要的是，我在生命中一個重要範疇中失敗了，而工作給我一種自我價值，讓我足以抗衡那種失落。

謹慎：我的朋友努力地豐富我的社交生活，我亦選擇不魯莽地栽入一段新關係。我需要一點時間想想自己的未來，加入一個新人物會令這件事很複雜；也想去明白、沉澱一下，上一段婚姻出錯的地方。

信仰：作為一個虔誠的基督徒，我知道離婚是褻瀆了我們的誓言。由我婚姻完結的一刻開始，我一直求上帝原諒我所做的一切錯事。我求主讓前夫能有新生活和快樂，也求主賜下恩典，讓我可以按神的旨意而活。

附：要是你想離婚

婚姻失敗是一個悲劇。在菲律賓和那些還未有離婚法的國家，婚姻制度很受重視。作為一個曾經身處、現在又離開了這制度的過來人，我為大家提供以下的意見。

- 除非涉及虐待問題，如果你的婚姻裏有孩子，請為了孩子的緣故而竭盡全力挽救婚姻，因為孩子完全無力抵抗父母離婚對他們所造成的傷害。
- 要坦誠分享你的感受。這樣可能令你的關係變得有點高低起伏，但總好過壓抑感受，然後有一天爆發。
- 如果真的走到了盡頭，要竭力與對方保持和平的關係。雖然這無可避免一定會造成傷害，請向上帝祈禱，求祂讓你們都能有更好的將來——有新的關係，得到醫治，並且能活出豐盛的生命，正如基督應許那些愛祂的人可以經歷的。

婚姻是一生一世的經營。

怎可以一生一世？

上官賢恩

薩拉博士（Dr. Harold J. Sala）是一位美國作者和講員，對家庭和婚姻特別有研究。他和太太達琳創立了指標國際基督教使團（Guidelines International Christian Ministries）。他是位經驗豐富的輔導員，撰寫了超過五十八本有關婚姻和家庭生活的著作。在面談中，我嘗試理解他對婚姻的看法，以及他對新婚夫婦和老夫老妻的建議。

1. 你結婚多久？怎樣形容你的婚姻？婚姻跟你的期望有什麼相同或不相同？

我們結婚已經五十五年了。我證婚或替人做婚前輔導的時候，總是告訴那些準夫婦：「我盼望你們在婚姻中得到最大的喜樂，好像我和太太一樣，這麼多年來都那麼幸福！」

我們為何可以這樣幸福？首先，我們都有很愛主的父母，他們培育我們成為天父所期望的模樣，而今天許多人都沒有那麼幸運能承傳基督教化的家庭。而且，**我們來自兩個文化截然不同的家庭，學習到溝通的重要性，以及接受對方的說話和想法而不加以批判。**最後，我們都希望在自己的生命和關係中活出上帝的旨意，這是個有意識的承諾和決定，我們會為自己的生命和家庭尋求上帝的旨意。

婚後不久，我們明白到有些「事故」會發生。事故是生命中一些意料之外的事，我們都沒有計劃過，卻沒法阻止，就如當太太忘了準時繳付賬單致使被罰款，或者離開酒店時把護照和金錢遺留在保險箱裏而令我們錯過了航班。普通人（沒錯，包括我們）並不會在水上行走或如機械人般運作。當「事故」發生時，我們會做個鬼臉然後說：「我特意那樣計劃！」指出那可笑的錯誤，捧腹大笑，而拒絕說：「你應該謹慎些！」或「你怎麼可以那麼大意？」

2. 你認為不同人對婚姻的看法和面對的婚姻問題，有什麼相同或不相同之處？

我們參與這事工超過半世紀，留意到大多數人婚姻問題的根源就是自私：「我要依我的方法做！」或「我想要我的！」但我們相信，快樂的秘訣很簡單：「為對方而活，一起為上帝而活！」

這也是保羅對婚姻的看法：哥林多是一個充滿不道德、混亂和色情交易的城市，所以保羅把他對婚姻的看法寫在給哥林多夫婦的信上（林前 7：1-4）。當我們完全信任對方，自會想給予對方最好的東西，也會倒在對方的懷中，堅持對方已有「最好的」，不論那是什麼。

3. 你對年輕人有什麼建議？他們如何可以成為別人適合的另一半、如何為自己選擇適合的另一半，以及怎樣為將來的配偶保持自己的純潔？

雖然選擇對的人很重要；但要成為別人適合的另一半更重要。考慮結婚之前，應該要問自己十個問題，就是我在著作《瀟灑高飛——享受單身‧活得逍遙》（*Joyfully Single in a Couples' World*）裏所提的：

- 我們是否有在耶穌基督裏的共同信仰？
- 我們有什麼共同之處？
- 我是否愛現在這樣的他 / 她？
- 他 / 她有什麼吸引我的地方？
- 他 / 她會否令我的生命錦上添花？還是我們的關係只是單向的付出？
- 我們對委身的看法是否一致？
- 我們的家庭背景是否相容？
- 我是否願意我們的關係像對方父母的關係？
- 對方會怎樣處理難題和困難？
- 我是否深入認識這個人？

婚前在性方面保持純潔，並不只是指貞潔那麼簡單，這也包括對上帝的委身，以及了解到身體是聖靈的殿。上帝吩咐我們不要有婚前性行為，是為了讓我們可以把自己毫無保留地給予配偶。如果沒有上帝、沒有《聖經》，沒有對錯，我仍然會建議夫婦婚前不要有性行為，因為那位設計我們身體，並給我們生活方向的那一位，知道我們可以怎樣在生活和婚姻中得到最大的快樂。

4. 基督徒應該怎樣看同居、離婚或婚姻失敗？

我們要面對的問題很簡單：「我們是否想按照《聖經》，以及人類遵守了許多個世紀的規定（夫婦在一個慶典婚禮上結婚），並得到上帝、家人、社會的祝福，還是只因同居成為了近來流行的做法而決定同居？」

全球的數據顯示，訂婚前沒有性行為會讓夫婦在婚前處理重要的問題、學習更有效的溝通，以及婚後有史快樂、史成功的婚姻。

上帝的計劃是讓一男一女在婚姻中結合，成為一體，使對方有更豐盛的生命，並在上帝容許的情況下生兒育女，因為兒女是上帝的禮物。

當夫婦二人未能如上帝所指示那樣一起生活，或他們選擇要摒棄在婚禮上立的盟約，就會引起紛爭和衝突。如果婚姻裏有不忠的情況，85% 的婚姻都會失敗。**而當婚姻失敗，就會引致離婚或婚姻無效；這樣的悲劇導致二人心靈都受傷，相信天父看着也同樣心痛。**

5. 現代的思潮和科技為婚姻帶來了哪些新挑戰？

科技往往為婚姻裏的個人親密感和溝通造成反效果。要解決這樣的問題，就要雙方協議，**定時要有些不被騷擾的溝通時間和一起享受的時光**，並且不要讓手提電話、電視或其他電子產品凌駕在個人關係之上。

6. 已婚的夫婦如何在二十、四十和六十年後仍然保持愛火？

我和太太裏有三件事是每天都會做的，而這也是我們快樂的秘密：

- 一起禱告；
- 一起讀《聖經》；
- 保持坦誠及自由的溝通。

我們怎樣阻止其他事情分化我們？當我們意見不合，就會拿出一張白紙，在中間畫上一條線，在一邊寫上做那件事的原因，在另一邊寫上不做那件事的原因。

然後，早上我們會一起為事情禱告，拿着那張紙，評估一下所寫的理據，比較事情的利弊。最終，我們就哪邊的理據比較充足而達成共識，順服這就是上帝的帶領。當做了決定，就不再事後批評，或說：「你錯了，你一早應該聽我說的。」

我們也學習去信賴對方的強處。結婚不久，我們發覺我精於地理的問題，而太太則精於處理人際的問題。所以，我信賴她對人的判決，而論到地理的問題，她則會信賴我的判決。這是否百發百中呢？也不一定，**只是當我們明白對方的強處和弱處，我們會變得更強。**

7. 我們婚姻有哪些成功的要素？這又對即將要結婚的年輕人有何指引作用？

婚姻的成敗，大部分是可預料的：我給將要結婚的情侶一句建議：「現在怎樣，將來也會怎樣，而且特質會更放大！」無論婚前你在那個想要跟他度過下半生的人身上看到了什麼特質，結婚後那種特質將會更加明顯！如果他在婚前是個關愛又體貼的人，婚後他將會更加關愛和體貼。然而，如果結婚前他已經不喜歡跟你一起上教會或祈禱，婚後他只會更加不喜歡和你上教會或禱告。婚姻像將茶包放進熱水裏——茶包裏的味道會在婚後慢慢滲出，愈來愈濃烈。

婚姻是學習成為對的人。

解讀愛的故事

上官賢恩

每一個人都有一個故事，這故事能夠教導我們關於我們與別人的事。每一個故事都是一個祝福。

向單身者學習

我們總以為婚姻是每個人畢業以後最自然而然的發展路徑。當婚姻稍遲出現，我們會質疑究竟自己是否沒機會了。是不是我太挑剔？是不是其他人覺得我不吸引？是不是我性格有缺憾呢？

很多時候，已婚者不知道如何跟單身的朋友談起結婚的話題——我應該表達我的關心，還是應該更加體諒？應該給安慰，還是給予「罐頭式」的回答？

人們選擇單身或是仍是單身，並沒有一個單一的原因。單身也是一份禮物與祝福。正所謂「當局者迷，旁觀者清」，單身的朋友經常能夠在有關愛與婚姻的課題上教導我們。而且，不是所有單身的朋友都覺得不結婚是一個問題，他們就像已婚者一樣享受着生活，生活裏同樣充滿愛和樂趣。

已婚的人與單身人士做朋友，跟他們談談家庭與孩子、工作與關係都是好的，因為他們能給你提供另一種生活的角度。

從婚姻故事學習愛

那麼，失敗的婚姻又如何？當你聽見夫婦分開、離婚，又或婚姻變得有名無實，你有什麼想法呢？或者，一方出軌了？或者，他們不願再與另一半繼續爭吵？然而，有些婚姻會褪色，可能是一方厭倦了另一方，又或是不想再維持現狀。

但我們仍可在失敗的婚姻裏學習真愛。失敗的婚姻與成

功的婚姻同樣能教導我們。我們可以避免哪些錯誤？有哪些徵兆要留意？有什麼挽救婚姻的方法可以嘗試？我們可以找誰幫忙？

的而且確，我們從一些有啟發性的故事學習何謂真愛，但我們同樣能夠從一些短暫的婚姻，以及一些等待很久才出現的婚姻中學習。

換句話說，無論是成功抑或失敗婚姻，都能夠教導我們關於等候、接受、享受與繼續前進的功課。

愛，到盡頭

蔡元雲

結婚，別以為你懂

現代人對神失去信心，對國家失去熱愛，對世界不存奢望，對自己也失去自信，卻對婚姻抱着幻想，妄想在婚姻生活中重獲他所失去的一切：安全感、意義、溫暖、了解、盼望……不少婚姻就是因為負荷過重，以致觸礁沉沒。

人生的里程

每一個人的成長歷程中，都必須經過一些轉折階段：幼兒時期是一個人在溫室中受保護的日子；第一次上學引進了數十個陌生面孔的衝擊，也是充滿幻彩繽紛的童年起步點；少年期的發育帶來的是憂疑及驚喜；青年期考驗一個人創業的衝勁，也是不少人成家立室的時候；壯年期要面對事業成敗及養兒育女的挑戰；中年人往往要重新肯定自己的身分、信仰、人際關係及未來人生路向；老年人要學習接受體能衰退的限制，並且以新的心態去肯定自己的價值，更需要面對疾病與死亡的現實。

在眾多的生命轉折點中，我覺得從未婚搖身一變成為已婚人士，是一個人適應能力的高度考驗。從結婚那一天開始，你就打開了生命之門，讓另一個似乎熟悉卻又陌生的生命闖進來——日復日、年復年、一生之久！

抱着一切如常的心態進入婚姻，肯定會在適應上出現困難。對婚姻生活有較全面的了解，會減低不必要的焦慮，並且預先減少不實際的期望所造成的挫折感。

女性往往對身分上的轉變有較敏銳的觸覺，這也可能是女性較易在婚前產生恐懼、焦慮，甚至抑鬱的原因。

婚姻幻影

在一些未婚青年男女心中，婚姻是神秘的；在一般少女的憧憬中，婚姻是美麗的。可是在現實社會中，卻會令人產生一種感覺——婚姻是可怕的。多少人帶着不同的心情與期望踏上婚姻的旅程，對這旅程的方向、路線和終站卻是模糊不清。

一本美國十分暢銷的書《婚姻的幻影》(*The Mirages of Marriage*) 中，兩位作者 William J. Lederer 和 Don D. Jackson 這樣總結：造成婚姻失敗的主要原因是很多人帶着不同的夢想而結合；要婚姻成功，便要消除這些幻影——

- 有人以為愛是撮合他們的主要動力，這只是滿腦袋羅曼蒂克的幻想，真正促使他們結合的其實是那克制不住的性慾。
- 有人是經不起社會的壓力而結婚。
- 父母的壓力和手段促成一些經不起考驗的婚姻。
- 很多青年男女未經思索便接受了愛情小說中所塑造的婚姻觀。
- 不少人視婚姻為消解孤寂的途徑。
- 有人結婚是為了得到經濟上的安全感。
- 還有人盼望藉着婚姻改進自己。

上述的幻影是促使婚姻觸礁的原因。婚姻是人生最重要的樂章，戀愛是這樂章的前奏曲。要這人生的樂章演奏得更優美，最好在開始奏曲之前便先下功夫揣摩這篇樂章，不能再讓一些幻影蒙蔽着心靈。

畢生的委身

在傳統觀念中，中國人提及愛情便聯想到「山盟海誓」、「海枯石爛」，外國人的婚約也強調「至死方休」。然而，過去幾十年來，整個社會都似乎在努力拆毀這種觀念。一方面，人們對婚姻仍舊存着相當高的理想（甚至不切實際的奢望）；另一方面，又輸入了一套新的觀念。於是，當婚姻理想未能實現的時候，最簡便的解決方法便是離婚。不是嗎？離婚已不再被視為不道德的行徑，離婚法例亦逐步鬆懈。大眾傳播媒介更加以渲染，給人的印象就像離婚是「追上潮流」的行徑。影響更深的是一些青春偶像視離婚作家常，表現得十分「瀟灑」。

在西方社會，離婚早已成為一種潮流，而香港也有追上潮流的迹象。按照《香港統計月刊》2015 年 1 月號，2013

年獲頒佈離婚令的數目約 22,271 宗，比較 1991 年的 6,295 宗，大幅增加四倍。雖然現在尚未流行試婚、集體婚姻、交換配偶等玩意，但是同居、分居、外遇等情形已是公開被接納。當人們愈來愈藐視婚姻的重要，婚姻破裂的危機也就愈來愈大。

然而，儘管大眾傳媒將離婚「美化」了，總不能長期掩飾離婚者的痛苦。西方國家醒覺離婚不單給人帶來了痛苦，也對社會的安穩造成嚴重打擊。前美國總統也呼籲國人尊重婚姻與家庭生活，他覺得家庭的破裂有傷整個國家的元氣。在美國有一門新興的事業出現，就是「離婚輔導」，目標是要協助離婚者度過他們經歷的痛苦，並設法輔助離婚者的子女，以免他們幼弱的心靈過度創傷。離婚者還要解決經濟、物業等法律上的問題，更困難的是重新面對現實生活，重建社交圈子，重覓心靈的自由。大部分的離婚者經過很長時期也不能擺脫已分手的配偶在自己心中所遺下的陰影。

婚姻該是兩個人情感上的融合、肉體上的結合，以至心靈的契合。那麼，兩個人既真心付出了自己的感情，要收回談何容易。同時，兩個人一旦發生了肉體關係，不但身體產生最親密的接觸，引起生理上的變化（倘若懷孕，更遺下不能逆轉的結果），同時性交也象徵無保留的獻身與委身，在情感上付出無比的代價。

《聖經》描寫婚姻關係為「二人成為一體」——是一種不能分割的關係。《聖經》也強調婚姻的恆久性，「神配合的，人不可分開」。要有幸福的婚姻，一定要重視婚姻的契約——那是畢生的委身。

婚後也要繼續戀愛

畢生的委身，當然不能視作遊戲，一定要經過慎重的考慮，才作出委身的決定。婚姻是戀愛的延續。多少婚姻的悲劇是由於婚前從未學習去愛，或是婚後不曉得將已萌芽的愛培植下去。

什麼時候才適宜作委身的決定呢？作家張曉風這樣說：「當你們相愛，大得可以遮過許多事，就是可以結婚的時刻了。」由一對男女相戀開始，一份愛便在孕育，在雙方悉心的澆灌下不斷成長，到了成熟的階段，便是結婚的時機了。這份愛情在婚姻中應該不斷的延續下去。

要維持愛情在婚姻中繼續增長，是要付出代價的，成功的婚姻絕非出於偶然。在男女交往的過程中，雙方應該努力增進彼此間的認識，不斷學習互相接納，並付出時間精神彼此建立。

認識：有些人恐怕深入的認識會成為愛的攔阻，所以往往帶上假面具，不敢暴露真我，恐怕失去了對方的愛。其實真正的愛會消除一切的恐懼。真誠的愛膽敢表白自己，也勇於認識對方。一位心理學家說得不錯：

「若是我們想得到愛，我們必須將自己敞開；若是我們想去愛一個人，他必須容許我們去認識他。」

在戀愛期間，青年男女很容易會變得視覺模糊，忽視了對方的短處，或是被對方的掩眼法瞞過了。踏進婚姻關係之後，日夕相對，原形畢露，就會造成決裂。在戀愛期間，切忌單顧感情上的享受或肉體上的親密，一定要花功夫去認識對方。

另一方面，有人以為在婚前的認識已夠透徹了，便忽略了婚後彼此間的溝通。其實人是隨着時間、環境及身心靈的成長而改變的，要彼此深入認識，必須竭力維持密切的溝通。一生之久，也不足以完全認識一個人。

要愛情在婚姻中延續下去，必須努力保持溝通，不斷增進彼此間的認識。

接納：深入認識帶來一個不簡單的問題——接納。對一個人認識愈深，接納可能愈困難，但是愛裏不能缺少接納。真正的愛是按着一個人本來的面目去接納他。所以《聖經》將耶穌的愛作為最高的模範，因為祂明明曉得我們有很多不值得愛的地方，仍然顧念我們，接納我們，甚至為我們捨去自己的生命，所以我們到耶穌的面前用不着裝假去博取祂的愛。

當你在對方身上發現一些不能更改，卻是你不能接納的地方——無論是他的相貌、身材、聲線、性格，抑或是他的出身、教育、職業等，你最好再三思量，恐怕這不能接納的地方會成為日後決裂的導火線。何況，婚後你可能會發現更多要學習接納的地方。

一個不能接納自己的人是痛苦，不能接納自己的伴侶是更大的悲劇。缺乏彼此接納的婚姻註定是沒有幸福的。從戀愛時便要開始建立互相接納的根基。

建立：單是接納會使兩人之間的關係變得相當消極，婚姻生活最高挑戰是積極的一面 —— 彼此建立。再以耶穌對人的態度為例，祂能按人的本相去接納他們（所以祂的社交圈子包括了妓女、騙子等遭人唾棄的人）；但是，祂對人的態度絕非縱容，祂積極的建立對方，協助對方成長。祂捨了自己的生命也是為了給罪人帶來新生命。

從相戀時開始，應該常常自問：在這關係當中，我們二人能夠做到彼此建立嗎？我曾否盡我的本分去建立對方呢？婚姻是一個彼此輔助的關係。兩個人應該在共同相處的過程中一同成長。

要是一生一世

談到接納與建立，關鍵在乎能否鑑別什麼是不能改變的，什麼是需要改進的。認清楚目標之後，兩人便能攜手去

建造美滿的婚姻。

誰說婚姻是戀愛的墳墓？持着這種看法的人是為自己的婚姻自掘墳墓。在踏入愛河之前，先要掃除一些籠罩在心頭的婚姻幻影，重新設定婚姻的恆久性——婚姻是畢生的委身！最後，在說「我願意」之前，最好兩人同在神的面前許願，立志讓在婚前已點起的愛火，在婚後燃燒下去；並互相立約，願意一生之久坦誠溝通、互相接納、彼此建立。

要建立正確的婚姻觀，必須先消除一些「幻影」，重新確立對婚姻的基本信念。請按下列問題自省：

- 我對婚姻還抱着一些可能不切實際的幻想嗎？
- 我是否視婚姻為畢生的委身？其中還夾雜着一點憂慮？
- 我有信心讓目前的愛情之火在婚後繼續燃燒嗎？我有沒有顧慮的地方？

婚姻是彼此接納。

對的時間對的人

婚姻是一條「不准掉頭」的單程路，當你闖進去之前，請先稍停一下，看清楚路上的指標，才繼續前進。

在踏入婚姻之前，有兩個基本的問題不可不回答：我為什麼要結婚？我為什麼要在此時和他結婚？（為免累贅，「他」代表了兩性的他 / 她，下同。）

我為什麼要結婚？

有些人結婚是向家庭壓力低頭。「男大當婚，女大當嫁」；「不孝有三、無後為大」；在華人的社會中，婚嫁仍是理所當然的事。父母或多或少會發出一些有聲無聲的壓力，朋友們好意垂詢「幾時請飲啊？」也不容易招架。所以才有人會說：「年晚煎堆，人有我有！」

有些人抱着逃避現況的心境尋求配偶，可能是不滿足於目前的生活方式，太寂寞了；又有些人基於家庭糾紛、父母不和或經濟不佳等等煩惱，希望離開現有的狀況，以為結婚就能幫助自己解決問題。

又有些人認為結了婚才能經歷完整的人生，所以要努力追尋「另一半」。許多未婚者感覺自己是二等公民，而婚禮的種種儀式、美麗的婚紗、熱鬧溫馨的場面都製造某種錯覺，令人感覺結婚多好！一般未婚者仍要忍受別人的「同情」和「關心」，甚至是親友千方百計地做媒。

還有些人結婚是為了滿足自己的需要。心理學家不是說「人需要愛與被愛」嗎？尤其這個時代非常注重「性」，有些人認為既有性慾的需要，不如順理成章去結婚吧。基本上是從自我做出發點，我需要愛、我需要滿足性慾、我需要幫助、我需要人照顧、我需要……

婚姻不是……

上述的原因都有值得考慮的地方，同時也蘊藏着不合理的一面：

一個人應當尊重父母的心意，亦不能逃避社會的壓力。但不要忘記，純粹奉父母之命的婚姻可能會製造《家》、《春》、《秋》式的悲劇；社會壓力將你推進入婚姻，卻沒有保證支持你面對婚後的難關。「徇眾要求」而結婚的人到底會自食其果。

好的婚姻誠然帶來幸福，但不好的婚姻則帶來痛苦和種種難以排解的後果。站在基督徒立場，我相信婚姻是神所創立，但是神從來沒有強迫每個人都要結婚。《聖經》從沒有歧視單身人士，有許多聖徒立下榜樣，在單身生活中更能完成獨特的任務；而且透過羣體生活，好友彼此支持和分擔，過着豐盛多姿的單身生活，婚姻並非唯一的途徑。

婚姻更不是逃避目前困境的良方，假如對現況不滿，不去積極尋求改善的辦法，而盲目跳進婚姻裏，難以保證日後不會發生別種困局，情況更複雜更難處理。逃避並不是辦

法，也沒有人能完全解決你所有的問題。

婚姻確是能滿足一個人多方面的需要：感情的支持、理性的溝通、工作的分擔、性愛的滿足、人生理想的分享等等，但是這一切都不能基於「我需要」。以自我為中心的婚姻，算不上二人生活，真正使婚姻成功，重要的關鍵在於「我付出」！付出的代價很高，包含了彼此「敬重」、「保養顧惜」、「順服」、「愛」、甚至「捨己」（弗 5：22-23）。當兩個願意為對方付出的人結合時，婚姻才有成功的機會。

在性慾方面的滿足及生兒育女的期望，只有在婚姻之內可以得以實現。但是性慾與食慾不同，並非一個人的基本慾念（basic drives）。食慾不能以其他途徑得到解決，必須有食物進入肚腹才能維持生命；但是性慾是受大腦控制的，可以將身體的精力及心思意念轉投在其他有意義的活動，而將性慾昇華（sublimation）。自古以來，有不少終身都是單身生活的人士，並不需要以手淫或其他婚姻以外的性活動來解決性慾的困擾，亦可以很有意義地度過一生。香港是個性觀念逐漸開放、色情氾濫難以控制的地方。單身人士面對性慾挑逗的機會不少，要保持清心確是一項挑戰。

至於養兒育女的問題，相信較少人會因此而大受困擾，上一代無後為大的觀念早已較前沖淡，甚至很多已婚人士都自動選擇建立一個無孩家庭，這可能是基於社會的轉變，生小孩不再是唯一的選擇，不少人更嚮往自由的二人生活，甚至因着前景的不樂觀而不願生育。

過去，太太和我都喜歡接待一些單身朋友到家中作客，讓他們有機會分享家庭之樂，特別是孩童所帶來的歡愉時刻。我更慶幸有些單身朋友願意在公餘時間替我們照料兩個兒子，讓我們夫婦二人也能得享一些二人世界的特別時光，所以我極力反對單身人士只是與其他的未婚者為友，當他們能夠進入一些家庭與其他已婚人士交往時，他們亦能在享受單身的自由以外，得享家庭生活的熱鬧與歡樂。

結婚或單身不過是個人一生歷程中的生活狀況，每人都有他選擇的自由。有些人因為種種原因而獨身，他不應為此而自覺生命有缺憾。清醒地維持單身生活，總比盲目地闖進婚姻高明得多！

我為什麼要在此時和他結婚？

這道問題包括了合適的對象和成熟的時機兩個問題。結婚的時機是否成熟是一個複雜的課題，有人會問自己幾個重要的問題：

我心理上是否已經成熟到一個地步，足以應付「離開父母」的自立生涯，有能力建立自己的家庭？

踏入婚姻以前，你必須正視這幾個問題：

- 我是否因為向家庭及社會壓力低頭而結婚？
- 我是否以為單身是「二等公民」、不能經歷完整的人生？
- 我是否願意付出自己，去與另一個人分享一生？

請寫下你對這幾個問題的回應。

既有選擇結婚或單身的自由，我們便應當審慎，隨便踏入婚姻只會叫自己及他人多受不必要的苦楚，而且增添不少掛慮。同樣一個人不能純粹為了省麻煩而不結婚，或自以為守着獨身便算是高人一等。

當你能夠誠實地自省：你結婚不是單為了滿足自己，也是為了建立對方；不是為了逃避目前生活的枯燥，而是深信你們二人共同的生活會更加充實；不是鄙視單身生活，而是更加嚮往婚姻生活；不是低估在婚姻中要付出的代價，而是計算清楚後仍然甘心樂意的承諾；不是單以自我或二人為中心，而基督徒更是由衷地願意讓基督為生命之主、家庭之首。相信這就是你可以考慮結婚的時候了。

一個人的成熟程度不能單以年歲來計算，有些人雖屆三十而立之年，仍然在心理上倚賴父母的蔭庇。結了婚一個星期便嚷着要回父母家，並非罕見的情況；更常見的是將太太和自己的母親相比：「為什麼小菜這麼鹹？」「為什麼被鋪要這樣放？」「我的拖鞋放在那裏？」……這些問題背後可能顯示丈夫懷念在母親蔭庇下的生活方式，他在婚姻要找的是一個繼續用同樣方法服事他的「母親」。

有些女生也不能擺脫父親的影子，她要尋找的不是彼此扶持的配偶，而是一個延續父親形象的保護者，她基本上是個尚未長大的小女孩。

夫婦間彼此服事和照顧當然是應該的，但是婚姻中不能夠只是存在「母子」或「父女」之情，而缺乏了夫妻間的互愛與互助。所以，《聖經》中形容婚姻是「離開父母，與妻子連合，二人成為一體」，當中包含了高度的智慧。「離開父母」不是從此不顧雙親，乃是代表心志及感情上的成熟，能夠應付自立生活的意思。

一個不曉得自立或獨處的人，在婚姻中會容易感覺焦慮及不滿。因為即使在婚姻生活中，也有很多獨處的時刻。

你對自己有多少認識？

當你認識自己的人生方向與價值觀，才知道要找一個怎樣的配偶與你分享和分擔，你也知道有哪一類人是你難以容忍的。（你可能可以容忍某種人作為你的朋友，卻不一定能夠接受他作你的配偶。）

倘若你知道信仰在你生活中佔了重要的位置，你計劃如何分配時間、調配金錢、教育子女及運用閒暇等都不會違背信仰原則，相信你一定看重未來配偶能否在信仰上與你有共同的立場。

《聖經》在有關擇偶的教導上，給予基督徒相當大的自由，並沒有諸多的轄制；但是其中一段經文卻提及「你們和不信的原不相配，不要同負一軛」（林後 6：14）。《聖經》在這方面特別執著，相信是因為了解到兩個信仰不同的人，要進入一個共同進退的關係時，人生方向與價值觀的不同，將會引起很多矛盾和衝突。

婚姻不單是兩個人在感情上互相傾慕，也是兩個人在生活每個層面彼此交流，所以不能忽視人生方向與價值觀的理解。

你能夠自立？

有人認為錢是最重要的因素。為了儲備足夠的金錢，應付婚筵、買房子，甚至於有儲備金供子女升學……不斷將婚期耽延。

我卻不以為然。我認為最重要的是夫婦二人有默契，對自己未來的生活水平作出合理及量力的計劃。剛步入婚姻便為婚筵舉債，婚後一生為居住的地方負超出己力的債，再加上一生兒女債，會叫婚姻生活被金錢所轄制。

只要夫婦二人肯齊心合力，並且生活以簡樸為原則，經濟應該不會成為屢誤佳期的原因。即使短期內未有足夠能力建立自己的家庭，會否也可以考慮在父母家中寄居一段時期？不過在處理人際關係方面必須付出很多精力。其實「核心家庭」未必是現代人唯一可以考慮的模式。

作為總結，請花一點時間反省一下結婚時機是否成熟這個問題，寫下你對這幾個問題的回應：

- 我是否在感情上仍然對父母有強烈的依附？我的對象在這方面的自立性足夠嗎？
- 我對自己及對方的人生方向及價值觀有多少認識？

- 我們二人是否在毋須舉債的情況下，可以承擔結婚和建立一個新家庭的開支？

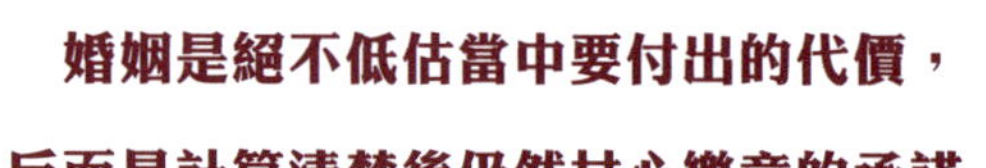

婚姻是絕不低估當中要付出的代價，

反而是計算清楚後仍然甘心樂意的承諾。

真愛，要等候

當兩個「臍帶未斷」、倚賴性強、經濟沒有基礎、人生路向迷糊的人要共度一生的時候，後果可以想像！

但是，即使以上的問題都解決了，基督徒還要面對一個重要的問題：我怎樣知道對方是值得我委託終身的人？在這重大的人生抉擇上如何尋求神的心意？

「神的旨意」不幸竟成了一些基督徒的口頭禪，甚至是無往而不利的武器。似乎加上「是神的旨意」幾個字一切便合法化。倘若我們將領會神的心意完全個人化和主觀化，很容易將自己一時的衝動當作聖靈的感動。試想若有一位異性向你吐露心聲說：「我覺得這是神的旨意，請你考慮和我結婚吧！」而你自己卻絲毫沒有感動，你的反應如何？

有些基督徒則利用「神的旨意」作為藉口，逃避自己抉擇的責任。我相信神在信徒的人生中有指導，但同時也給予人一定的抉擇自由。[1]

羣體等候

等候神的心意固然有個人性的一面，卻不忽略羣體性的一面。《屬靈操練禮讚》（*Celebration of Discipline*）的作者傅士德（Richard Foster）有如下深刻的觀察：

「我決定將引導的操練，列入團體的操練中，並且強調其共通的方面。上帝實在豐富地、深刻地引領個人，但祂也引領一羣人，並且能夠藉着團體的經驗去指導個人。也許我們時常首先想到個人私下的引導，這乃是我們西方個人主義的產品。」[2]

主耶穌多次鼓勵信徒集體禱告：「若是你們中間有兩個人在地上同心合意地求什麼事，我在天上的父必為他們成全。」（太 18：19）初期教會也經常集體尋求神的心意：在揀選使徒替補猶大的位分時，他們齊心仰望神（徒 1：24-

25）；彼得被囚時其他信徒同心聚集禱告（徒 12：12-14）；安提阿的教會領袖同心禁食禱告後，決定差巴拿巴和掃羅出外宣教（徒 13：1-3）；面對意見上的分歧時，教會領袖在耶路撒冷集體商討祈求，從主尋求解決方法（徒 15：1-21）。

或許有人說，「婚姻是我個人的事，為何需要集體等候？」

婚姻絕對不是個人的事！

婚姻起碼是兩個人的事。神在男女雙方都有祂的帶領，絕不會單向一人指引。所以，對那位單方面「覺得是神的旨意」的朋友，你大可以這樣回答：「對不起，我暫時沒有感動！」

婚姻更是牽涉兩家人的事。兩人婚後不能避免與姻親相處，所以不單要認識對方的家人，學習和他們相處，也不可輕看老人家的智慧，他們可能看見一些你失策的地方。

婚姻也當是教會的家事。《聖經》這樣說：「若一個肢體受苦，所有的肢體就一同受苦；若一個肢體得榮耀，所有的肢體就一同快樂。」（林前 12：26）一個信徒婚姻大事的得失，對教會有一定的影響，所以不能認為與其他的信徒無關。

集體等候的意思，當然不是集體表決，少數服從多數，而是學習從父母、牧者及教會肢體身上吸收他們的智慧，並且相信既是同一聖靈作引導者，與你一起敬虔等候的人，都應當得到同一的默契和印證。

《聖經》與中國傳統都着重孝道。《聖經》提出「孝敬父母」與曾子說的「大孝尊親」有異曲同工之妙。所謂「天下無不是的父母」，很少父母會着意與自己子女為難，所以最明智的做法是在戀愛初期便將情人介紹給父母認識，請他們提供意見。《聖經》說「要在主裏聽從父母」，是聽父母之命不能過於聽基督之命。如果父母硬要信主的兒女與非基督徒結婚，當然是難於從命了，不妨向他們陳明自己要選擇基督徒作配偶的原因。一方面是為了志趣相同，婚姻才會幸福；更重要的是你不願意冒犯你所信的真神（中國人始終是敬神的）。

守護的羣體

教會肢體的守望和等候也是重要的一環。當然不是要公開宣佈，請眾人代禱，但是不妨審慎地選擇幾位敬虔、關心你、願意代禱、能夠保密的主內肢體為你禱告。亞伯拉罕為以撒找配偶的故事是最佳的羣體等候的例證。敬虔的亞伯拉罕為兒子尋求神的心意，他找一個敬畏神的老僕人和他一同守候；神的引導先後在利百加、拉班、彼士利、以撒等的心中互相印證（創 24 章）。以撒和利百加的婚姻是《聖經》所記載最美滿的婚姻之一。

我也記得大學時期為自己的婚姻等候神的心意期間，有機會與一位當時在大學同班的主內肢體一同分享祈禱，互相勉勵提醒。那段甜蜜的滋味，到現在仍在心頭。而且，旁觀者清，他從旁提醒我多方面要注意的地方，給我很大幫助。

羣體等候當然不能缺少了當局者二人同心的祈禱。神的引導或許有先後，但始終一定會在二人心中互相印證。婚姻既是二人的事，神絕對不會只向一方説話。若然有一方尚未有把握，恐怕是時辰未到，不應操之過急，寧可再花時間等候清楚。

個別等候

羣體等候不能代替個別等候。最重要的還是男女二人從心底覺得對方確是神所賜的配偶，羣體等候主要是印證二人心中的領受。倘若昔日的利百加和以撒心中不是同感一靈，相信彼士利和亞伯拉罕亦不會勉強他們成婚。

但是，説到個人等候，卻好像有些玄妙奧秘莫測的感覺。到底怎樣才能夠確定自己所作的決定沒有偏離神的心意呢？我們都希望神直接用聲音、異象向我們陳明心意，最低限度也盼望抓住一、兩節特殊的金句作為憑據。然而，神在一般情況下卻寧可我們活用祂賜給我們的思想能力，跟從《聖經》的原則，順從聖靈的指引，作出合宜的抉擇。

在婚姻這件終身大事上，真心跟隨主的人應當憑信心仰望神的帶領，正如詩人向神呼求：「耶和華啊，我仍舊倚靠你；我説：你是我的神。我終身的事在你手中……」（詩31：14-15）

下面有三方面的測驗，可以幫助你分辨到底踏入這項婚事是否合乎神的心意。

測驗一：神的話語

大衛把他的經歷與我們分享：「誰敬畏耶和華，耶和華必指示他當選擇的道路。」（詩 25：12）尊重神的話是敬畏神一個起碼的要求。《聖經》既是神所默示的，我們應當先從《聖經》尋求神的指引。

我們的神是個給予真理和自由的神，祂並沒有不必要地約束我們。所以在婚姻這件事上，神沒有諸多限制我們。年齡、性格、才幹、外貌、家境等都屬於可以適應的範疇，《聖經》在這方面並沒有嚴厲的管制。

只是說到信仰時，《聖經》卻明確提醒我們：「你們和不信的原不相配，不要同負一軛。義和不義有什麼相交呢？光明和黑暗有什麼相通呢？」（林後 6：14）婚姻生活確是同負一軛的生活，因為一個人信仰（無神主義也是一種信仰）支配了他的價值觀、世界觀，也影響了他如何運用他的金錢、時間、才能，甚至影響他如何教養下一代。兩個信仰不同的人如何共處一室？如何一生之久共負一個如此沉重的軛？

從舊約到新約，每個敬畏神的人都忠心地傳達神在這方面的教導。亞伯拉罕選媳婦時指明一定要本族同一信仰的女子（創 24：1-4）；約書亞帶領以色列人進迦南後提醒眾民切莫與不同信仰的異族結親（書 23：12-13）；保羅勸哥林多教會的姊妹「要嫁這在主裏面的人」（林前 7：39）。

有人以為在香港的教會中，青年的姊妹人數較弟兄為多，應當通融一下，讓信與不信的結婚，好叫姊妹有「出路」。誰知這種「好意」卻只會換來數不盡的眼淚和痛苦。要埋沒自己對神的心去遷就未信主的配偶，不同心而同行，是件不容易擔當的事。在我接觸的輔導個案中，結果通常是信主的因為未信的配偶而離開神，能夠把未信的配偶帶領歸主的卻絕無僅有。我不相信所謂「福音性」的戀愛和婚姻。

「二人若不同心，豈能同行呢？」（摩 3：3）這一節經文雖然不是直接指婚姻而言，但是也原則性地提醒我們，要找一個一生同行的人，不單信仰相同，而且心志也要相同，否則是自討苦吃。就算兩個人的信仰相同，但是心志、方向與人生目標背道而馳也實在很難同行一生。

測驗二：三重的愛

《聖經》裏用三個不同的字代表愛：性愛（eros）——基於外表的吸引；情愛（phileo）——基於性格的吸引；聖愛（agape）——發自愛者的本質。基督徒的愛應該是三合一：性愛加上情愛加上聖愛，這是婚姻永不破裂的保證。[3]

沒有愛作為根基的婚姻是註定失敗的，所以要誠實地問自己一些問題：

- 他的外表吸引我嗎？
- 他的性格有什麼叫我欣賞的地方？
- 他的才幹及恩賜有值得我傾慕之處嗎？
- 他能夠明白並分擔我內心深處的感受嗎？
- 我會為他朝思暮想嗎？
- 我和他共處的時候經歷過特殊的欣悅嗎？
- 我喜歡和他促膝談心嗎？
- 我在喜樂或憂傷之時會渴望與他溝通嗎？

愛情不同迷戀，雖然兩者都是一種強烈的感受，愛情卻是持久的，是基於實質而非幻想的！

上面的問題能夠提供一些指標，量度你是否愛他，不過也只測驗你對他的「性愛」和「情愛」——仍然局限於對方外表及性格上對你的吸引。而《聖經》談到夫妻之愛時，重複使用的字彙都是「聖愛」——是從神而來的愛，是無條件的愛、自發的愛、基於施愛者本質而不要求對方的愛，是給予和付出的愛，是由理性和意志作為起點的愛，是〈哥林多前書〉13 章所描寫「愛是恆久忍耐，又有恩慈；愛是不嫉妒；愛是不自誇，不張狂，不做害羞的事，不求自己的益處，不輕易發怒，不計算人的惡，不喜歡不義，只喜歡真理；凡事包容，凡事相信，凡事盼望，凡事忍耐」的那份「永不止息」的愛。

每一個念過婚姻盟約的人都一定了解到，若不是靠着神的愛，絕不容易一生忠於誓言。我覺得最好每個要踏入婚姻的信徒，都先默想這些誓詞的含意；撫心自問，我願意畢生為他守此盟約嗎？

「某某，你是否願意與某某結為夫婦，遵行上帝婚姻聖禮之旨意，與他共同生活，無論疾病健康，你是否願意時常敬愛他、安慰他、尊重他、扶助他，與他一生共守，決無異心？」[4]

你真的敢説「我願意」嗎？

測驗三：聖靈的憑據

保羅提及自己尋求神的心意的經歷時，曾經説過「賜聖靈在我們心裏作憑據」（林後 1：22），又提醒我們「不要叫神的聖靈擔憂；你們原是受了祂的印記，等候得贖的日子來到」（弗 4：30）。

要尋求聖靈的引導，聖潔的生活是先決條件。很多人過着放縱情慾的生活，卻同時説要尋求神的心意，要在婚姻大事上明白神的引導、得到神的祝福，這是自相矛盾的。《聖經》清楚的説：「非聖潔沒有人能見主」（來 12：14），「我若心裏注重罪孽，主必不聽」（詩 66：18），「你們當順着聖靈而行，就不放縱肉體的情慾了。因為情慾和聖靈相爭，聖靈和情慾相爭，這兩個是彼此相敵，使你們不能做所願意做的」（加 5：16-17）。

倘若兩個人的關係是以情慾為基礎，根本不必再期望什麼聖靈引導了。必須回頭認罪，重新校正彼此關係的發展方向。倘若一個人的生活中滿是未被神對付的罪孽，未悔改認罪之先，也不必裝模作樣說什麼神的旨意了。

透過聖靈，神給予祂的兒女最直接、最個人的指引，我們應當培養對聖靈的敏鋭回應：知道聖靈如何擔憂，知道何謂順着聖靈而行。在這裏只能扼要提出兩個重點作為指標。

聖靈的果子——行在神心意中的人，是受聖靈主管的人，他的生命自然結出聖靈的果子：「仁愛、喜樂、和平、忍耐、恩慈、良善、信實、溫柔、節制」（加 5：22-23）。這些內在的質素和感受是不受一個人的學識或個性限制，也是超越環境的影響。一個生命合乎神心意的人，自然會經歷何謂聖靈的果子。倘若失去這些果子時，他就應該自省，是什麼地方叫神不悦、叫聖靈擔憂？

聖靈當然關心我們的婚姻大事，倘若在此大事上偏離了神的心意，聖靈會提醒我們。在你戀愛的路途上，直到你考慮踏入婚姻，聖靈所結的果子是否一直隨着你呢？

聖靈的恩賜——聖靈隨己意將恩賜分給屬神的人，叫他們在神的家中發揮一定的功用（林前 12：4-11），每一個與聖靈同行的人都是樂意而且有能力事奉神的人。

當兩個屬神的信徒墮入愛河，邁向婚姻，正常的發展是互相建立、互相勉勵愛主事主的。倘若是適得其反，二人逐步與神疏遠，事奉失去喜樂和能力，只是陶醉於二人世界中，這段關係便要檢討。不過，不一定要下結論説對方不是神所預備的配偶，但是應當重新檢查這段關係有沒有不合神心意的地方。

倘若基督徒只求自己眼前的喜悦，而不理會聖靈的擔憂；只求自己事業婚姻的成功，而不尋求聖靈的恩賜；這種基督徒不能妄求體驗神的引導，更不能妄想建立一個基督化的家庭。

等候神的心意不如一般人想像那般高深莫測。處理自己終身大事時，有誰不願意按神的引導而行？請你想一想：

- 在婚姻大事上，我有否尊重父母？他們對我的婚事有何意見？
- 我認為敬虔、可靠的教會肢體對我的婚事有何看法？
- 我們二人曾否為婚姻大事同心仰望神？心中是否同樣得到神的印證？
- 在選擇配偶這大事上，我有違背《聖經》的原則嗎？
- 我是否真心真意地愛他，包括「性愛」、「情愛」與「聖愛」？
- 我是否經歷到聖靈引導的憑據——在心中是否經常結出聖靈的果子？在事奉中是否經歷聖靈的恩賜？

註釋

1 Friesen, G., & Maxson, J. R.(1980). *Decision making and the will of God: A biblical alternative to the traditional view.* Portland, Oregon: Multnomah Press, 283-309.

2 傅士德著，周天和譯（1982），《屬靈操練禮讚》。香港：基督徒學生福音團契。頁 162。

3 詹維明（1982），《婚姻》。香港：突破出版社。頁 39。

4 《公禱書》（1979）。香港：中華聖公會港澳教區。頁 437。

婚姻是兩個人的事，

更是兩家人的事，甚至是教會的事。

婚姻的光明與幽暗

不少人只是看見婚姻羅曼蒂克的一面，連一些基督徒寫的書籍也不自覺地鼓吹婚姻生活光明的一面，卻忽略了《聖經》描寫婚姻時並沒有忽略到人性的軟弱和末世的苦難，因此《聖經》沒有隱藏婚姻生活幽暗的一面。

光明的一面

神起初創立婚姻是要給人預備伴侶，使人得到感情上的支持、工作上的幫助和身體與心靈合一的歡樂。「二人成為一體」——是何等美的境界；「骨中的骨，肉中的肉」——是何等親密的關係；「夫妻二人赤身露體，並不羞恥」——性生活的滿足和歡樂也是神所賜的（創 2：18-25）。

神也給人治理大地的使命（創 1：28），這是一般人對婚姻比較忽略的一面。有人在婚前輔導中問我：「一生對着同一個人，日子久了，會不會厭悶？」即使你與全世界最具魅力、最夠性格的對象結婚，倘若你將自己困在二人世界內，不離卿卿我我，只是陶醉於「我愛你，你愛我」的境界中，相信這段婚姻不能維持太久。神將不同的使命交託給屬祂的人，倘若一對夫婦沒有使命感，不能同心事奉神、服事人，他們其實忽略了婚姻生活中最富挑戰性的一面。

神又吩咐亞當夏娃「要生養眾多，遍滿地面」（創 1：28），《聖經》也形容子女是神所賜的「產業」、「賞賜」和「福分」（詩 127：3；128：3、4），純粹為了「怕麻煩」、「不會教」等理由而不生養兒女是埋沒了婚姻生活叫人興奮的一面。昔日主耶穌曾經説過，人可以「為天國的緣故自閹」，這句説話雖然指為神而守獨身的人而説，但也可以適用於一些為天國的緣故而不生養兒女的夫婦。

神創立婚姻還有一種象徵性的屬靈意義，透過夫婦緊密的關係，神讓我們體會到基督與教會那種親密的關係（弗 5：22-32；啟 19：7-9）。人有限的智慧不能領略神多方面的奧秘，婚姻成了神傳達心意的實用教材。反過來，當我們親身經歷與基督的個人關係時，也進一步明白什麼是婚姻。

幽暗的一面

很多基督徒寫有關婚姻的書籍都有意無意地忽略了婚姻的另一面：自從人犯罪離開神之後，人的罪性侵蝕了婚姻生活，婚姻失去了原來的純真、完美！我們有責任將婚姻的全面真相刻畫出來，以免有些青年基督徒踏入婚姻後有受騙的感覺。

〈創世記〉第 3 章描寫人的始祖亞當和夏娃與神的關係破裂之後，褪了色的婚姻到底是怎麼一回事：

- 羞恥 ——「知道自己是赤身露體，便拿無花果樹的葉子為自己編做裙子」（創 3：7）。
- 罪咎 ——「聽見神的聲音，就藏在園裏的樹木中，躲避耶和華神的面」（創 3：8）。
- 恐懼 ——「我在園中聽見你的聲音，我就害怕」（創 3：10）。
- 推卸責任 ——「與我同居的女人，她把那樹上的果子給我，我就吃了」（創 3：12）。

- 引誘——「那蛇引誘我，我就吃了」（創 3：13）。
- 苦楚——「我必多多加增你懷胎的苦楚，你生產兒女必多受苦楚」（創 3：16）。
- 感情枷鎖——「你必戀慕你丈夫」（創 3：16）。
- 大男人主義——「你丈夫必管轄你」（創 3：16）。
- 勞碌、憂慮——「你必終身勞苦才能從地裏得吃的。……你必汗流滿面才得糊口」（創 3：17-19）。

當你踏入婚姻以前，要告訴自己切莫低估人的罪性。當兩個帶着諸般軟弱的人共處之時，其適應的難處可以預期。再加上兩人共處在一個被「咒詛」的大地上，面對着背負同樣罪性的親朋戚友，倘若沒有神的恩典，真的並不好受。婚姻原來不全是粉紅色的。

樂觀過了頭

使徒保羅陳述他的婚姻觀時，還提醒了我們是活在末世：「因現今的艱難」、「時候減少了」、「因為這世界的樣子將要過去了」（林前 7：26、29、31）。過分樂觀的世界觀很自然導致過分樂觀的婚姻觀。我們很容易忘記現今已是末世，主耶穌基督再來的時候不遠了，所以我們要關懷這個世界，卻不要太過天真，以致忽視了這一代的艱難和苦難，無根據地憧憬一個地上的烏托邦。

保羅忠心地將他的意見告訴我們（林前 7：25），有人會認為他描繪的圖畫太灰暗了。我沒有聽過一篇有關婚姻的講道是以這段經文為主題的，但是我感激保羅沒有隱瞞末世裏婚姻的幽暗面。

〈哥林多前書〉7 章 28 節記着「肉身必受苦難」。不要以為基督徒能倖免肉身的苦難，無論是疾病、饑餓、死亡或逼迫。「二人成為一體」是叫我們連配偶的肉身苦難也承擔起來；再加上子女和親屬的苦難，擔子更重了！

保羅又提到「娶了妻的，是為世上的事掛慮，想怎樣叫妻子喜悅」（林前 7：33），不要以為婚姻生活和單身生活沒有什麼分別。事實上，生活的擔子重了，柴米油鹽的掛慮多了，要打理的家務繁複了，要照顧的人多了，自己的時間少了，生活的節奏更緊湊了……

難怪保羅說：「因現今的艱難，據我看來，人不如守素安常才好。你有妻子纏着呢，就不要求脫離；你沒有妻子纏着呢，就不要求妻子」（林前 7：26-27）。我們應當感激保羅這樣坦誠的相勸。人總是喜歡聽順耳的說話，所以在婚禮中我們聽到的都是〈創世記〉第 1 章和〈以弗所書〉第 5 章所描寫美麗的圖畫。在一次婚禮訓勉中，我引用了〈哥林多前書〉第 7 章，站在我面前的一對新人馬上面色大變。

看透了人性的軟弱，洞察末世的險惡，我們才醒悟到為什麼要讓基督作生命之主、家庭之首。很多基督徒都喜歡在家中掛一塊牌子，上面寫着「基督是我家之主」。但願這幾個字能夠銘刻在每對基督徒夫婦的心版上！

如果你想建立一個基督化家庭，必須以健全的《聖經》婚姻觀作為基礎。請仔細思想下列問題：

- 神設立婚姻的幾重意義（伴侶、使命感、生養兒女、屬靈含意），對我有何意義？
- 我體會到自己的軟弱可能會對未來婚姻構成問題嗎？

- 我明白對方有他的軟弱，並能夠體恤和接納嗎？
- 我能否體會到末世觀對婚姻觀的影響？怎樣才能在艱難當中建立合神心意的婚姻？

本部分文章選自《你也可以建立美滿的婚姻》（突破，1988）。

婚姻是展現親密的光明，也展現人性的幽暗，

故此最需要是恩典。

總結

婚姻：回到恩典的起點

蔡元雲

婚姻制度在全球都有瓦解的趨勢，雖然中國人視婚姻為「神聖」，以及是社羣的「奠基石」，但也逃不過全球的大趨勢。奧斯卡得獎電影《伊朗式分居》（*A Separation*）似乎反映出在穆斯林的世界中，婚姻關係亦面臨巨大的挑戰。

被污染的性愛

身兼牧師、精神科醫生和教授的韋約翰博士（John White）在著作《禁果——被污染的性愛》（*Eros Defiled: The Christian and Sexual Sin*）[1]裏表示愛是婚姻成功的關鍵。他將愛分為三個類別：性愛（eros，浪漫的愛和性慾裏的吸引）、友愛（phileo，互相欣賞和愛慕）和聖愛（agape，上帝無條件的愛）。他指出，當「性愛」被污染，就會成為自我中心的情慾，當「友愛」建基於對個人特質的持續互相吸引，這也是不可靠的。**但「聖愛」完全建基於上帝的恩典，那就是成功婚姻的秘訣。**

已婚的夫婦是否預備好，並願意實踐聖愛？

最好與最壞

婚姻是人類關係裏最親密的，因為婚姻會帶出雙方最好和最壞的一面。

我尊敬的牧師和學者畢德生（Eugene Peterson）在著作《復活的操練》（*Practice Resurrection*）裏說：「我們在家庭的場景中最容易顯出最壞的一面。如果家庭成員之間彼此有競爭——丈夫與妻子、父母與孩子、兄弟姊妹間——家庭的親密就會在不知不覺間被破壞。我們唯有透過『彼此順服』才可能成為一個成熟的家庭。」[2]

我們常常都忘記了，婚姻不只是兩個人的結合，還會影響其他家庭成員。當來自不同家庭背景、文化和價值的人有着多重交錯的人際關係，事情就變得很複雜。當婚姻裏被自我中心、自私、爭競、妒忌和不忠入侵，婚姻生活會痛苦不堪！

要避免婚姻的苦惱，包容兩夫婦之間的分別，包括性格、文化、價值、學歷、社會背景和信仰等，當然有用，但我們不能只靠人的包容！

彼此的奧秘

《聖經》形容婚姻為一男一女的結合：「二人成為一體」——兩個人在身體、意志、心靈和精神上合一。「為這個緣故，人要離開父母，與妻子連合，二人成為一體。這是極大的奧秘，但我是指着基督和教會說的」（弗 5：31-32）。

這真是極大的奧秘：丈夫與妻子、基督與教會。丈夫是妻子的頭，基督是教會的頭。如果不認識這奧秘，夫婦間又怎能保持婚姻的活力？難怪那麼多婚姻都以痛苦收場。

畢德生指出了明白這奧秘的關鍵。〈以弗所書〉5 章 21 節所說的「又當存敬畏基督的心，彼此順服」，是讓家庭和工作復興的第一道命令。隨後，經文一共提到了八種關係，我們可以每天在這些關係裏實踐「彼此」的順服。其中六種關係可以在家裏實行，包括：妻子要順服自己的丈夫如同順服主，丈夫要愛妻子如同基督愛教會，兒女要在主裏聽從父母，父母也不要惹兒女的氣。最後兩種關係是關於工作的：僕人要聽從主人，主人待僕人也是一樣。這些都是彼此順服的例子。

作頭和寬恕

我們理解「作頭」，通常會想到行政的權威。《聖經》裏啟示的「作頭」榜樣是基督，祂是要「愛」、「捨己」、「用水藉着道洗淨，成為聖潔」（「水」象徵藉十字架來的寬恕，而「道」指上帝的話語），以及「愛妻子，如同愛自己的身子」。

這樣的愛超出了人類的能力，因為寬恕是從上帝而來的——全是上帝的恩典。范尼雲博士（Jean Vanier）在著作《活出羣體的美好》（*Community and Growth*）裏寫道：「羣體的中心就是寬恕。」[3] 家庭是最基礎的羣體，培育我們的個人成長，而家庭也正如任何羣體一樣，其中心是基督的十架。

如果我們的婚姻不再以基督為首，就如亞當、夏娃不再以上帝為首一樣，只會剩下羞恥、迴避、指責、罪疚和疏離——就是與自己、與別人，以及與上帝的分離。

雖然我這樣說可能會令人認為我太悲觀，但當了幾十年的輔導員，我發現心理學的技巧只能處理婚姻傷口和衝突的表面。**如果不處理問題的根源，即未能崇敬基督、彼此相愛，正如基督愛教會一樣，也就不能帶來真正的醫治。**

還有恩典

保羅在〈哥林多後書〉6 章 14 節寫道：「你們和不信的原不相配，不要同負一軛。義和不義有什麼相交呢？光明和黑暗有什麼相通呢？」當夫婦之間不能同心以基督為首，或對於管理時間和金錢、管教兒女、愛、忠誠、寬恕和生命的意義上沒有共識，他們又怎能一生一世每天共處？

離婚或宣佈婚姻無效成為了一個出口，彷彿可以離開懊惱的生活。然而，《聖經》清楚指明「上帝討厭離婚」，因為祂認為婚姻是夫婦在上帝前所立的約（瑪 2：14-17）。離婚是違反盟約，這是罪。我們在婚姻裏實在需要基督的寬恕，如果離婚收場的話，實在更實要祂寬恕！

難怪斯托得牧師（Rev. John Stott）曾告訴我，在他超過六十本的著作中，對他最重要的一本是《當代基督十架》（*The Cross of Christ*）。**現今世界被個人主義、相對主義、消費主義等充斥，而我們天天都被撒但以「肉體的情慾、眼目的情慾，並今生的驕傲」來試探我們——我們每天都需要十架拯救的恩典——在婚姻裏和家庭中都很需要。**

回到起點

過去幾十年橫掃全球的「性革命」讓世界各地的人都經歷到不同的婚姻模式。不過，我很高興見到有一個覺醒的浪潮。不同國籍的年輕人都回歸向神，重新委身於婚姻蒙福的奧秘；夫婦之間彼此相愛，就如基督愛教會。

在耶穌時代，眾人對婚姻和離婚的理解都有分歧，他們對於如何詮釋《聖經》對婚姻和家庭的觀念都有不同的看法。當耶穌回應這些挑戰，祂確認了婚姻關係是被上帝祝福的盟約，再次回到婚姻原本的設計，設計者就是神自己。

耶穌強調：「神就照着自己的形像造人，乃是照着祂的形像造男造女。」性是植根於上帝的，祂是愛、公義、憐憫、公平和聖潔的根源。上帝創立的婚姻關係，是一男和一女，成為一體，委身一生的神聖結合，並且會受到上帝的祝福。

預防勝於治療。我鼓勵每一對考慮結婚的情侶都應該安排婚前輔導。韋諾文（Norman Wright）在其著作《婚前輔導》（*Premarital Counseling*）解釋說：「與其盲目地進入婚姻、被浪漫愛情的甜蜜所欺騙，不如睜開雙眼，看清自己與將來可能的伴侶在靈性上是否一致。」[4]

我仍然相信上帝會祝福婚約和家庭；再一次說，秘訣就是：「凡敬畏耶和華，遵行祂道的人便為有福」（詩 128：1）。

註釋

1 White, J.(1977). *Eros defiled: The Christian & sexual sin.* Downers Grove, IL: Inter-Varsity Press.

2 Peterson, E. H., & Santucci, P.(2010). *Practice resurrection: A conversation on growing up in Christ*. Grand Rapids, MI: William B. Eerdmans Pub. 213.

3 Vanier, J.(1989). *Community and growth*. London: Darton, Longman and Todd. 37.

4 Wright, N.(1977). *Premarital counseling*. Chicago, IL: Moody Publishers.

婚姻，不是一紙婚書

上官賢恩

婚姻是上帝的設計，並不是人類的發明。人人都需要一生之久的伴侶，而上帝知道，並命令我們要享受其中。

「……從起初創造的時候，神造人是造男造女。因此，人要離開父母，與妻子連合，二人成為一體。既然如此，夫妻不再是兩個人，乃是一體的了。所以，神配合的，人不可分開」（可 10：6-9）。

上帝認為婚姻是寶貴的，祂重視婚姻。

婚姻，要求最高的人際關係

但到了現代，婚姻彷彿不再是神聖的。大家都有承諾危機。社會容忍了，甚至鼓勵了其他形式的親密關係，但這些都不在上帝的計劃之中，那些合一並不要求互相忠誠，也不要求互相在道德上或法律上盡義務。

沒錯，婚姻的要求是沉重的；婚姻不只是熱情和浪漫的愛，婚姻裏也要求責任和服事。美滿婚姻的關鍵是屬靈的友誼。我們在婚姻裏被召要互相服事、互相鼓勵、互相激勵行善，以及要我們在婚姻裏成為更好的人。

婚姻是否將你的優點和缺點都放大了？婚姻是一生的學習。婚姻是要將我們的生命作為一個整體地規劃人生方向。如果你的婚姻關係堅固，你會獲益良多；如果你的婚姻關係脆弱，你會損失很大。所以，請好好看守你的婚姻，保護它不受傷害。

婚姻並不只是一紙婚書。婚姻是人類最深刻的一種盟約。一個約的關係，包括了愛和律法。上帝的律法是保護你的。

婚姻建基於信任，而信任是建基於真理的。要持守真理。世上有太多謊言讓我們看不見真理。

婚姻是一個承諾——「一生相隨，至死方休」。承諾是一個無私的行動。承諾就是通往自由的路徑。自由就是為着最愛的那個人而盡力使自己成為最好，好讓兩個人可以一起享受最美滿的生活。

我們在婚姻裏的愛未必是完美的——大家可能都有傷心的過去，可能曾有夢碎的時候，或是未能兑現的承諾，但上帝完美的愛像膠水一樣將我們黏在一起——無論順境逆境、富貴貧窮、疾病健康。願你也能找到值得永遠珍惜的愛！